Sammlung Metzler
Band 185

Roger Paulin

Ludwig Tieck

J. B. Metzlersche Verlagsbuchhandlung
Stuttgart

CIP-Kurztitelaufnahme der Deutschen Bibliothek

Paulin, Roger:
Ludwig Tieck/Roger Paulin.
– Stuttgart: Metzler, 1987
(Sammlung Metzler; M 185)
ISBN 978-3-476-10185-3

NE: GT

ISSN 0558-3667
ISBN 978-3-476-10185-3
ISBN 978-3-476-03891-3 (eBook)
DOI 10.1007/978-3-476-03891-3

M 185

© 1987 Springer-Verlag GmbH Deutschland
Ursprünglich erschienen bei J. B. Metzlersche Verlagsbuchhandlung
und Carl Ernst Poeschel Verlag GmbH in Stuttgart 1987

Inhalt

Abkürzungen

BüSh	Das Buch über Shakespeare
DLE	Deutsche Literatur in Entwicklungsreihen
DVjs.	Deutsche Vierteljahrsschrift für Literatur- wissenschaft und Geistesgeschichte
EG	Etudes Germaniques
GLL	German Life and Letters
GR	Germanic Review
GRM	Germanisch-Romanische Monatsschrift
JDSG	Jahrbuch der deutschen Schiller-Gesellschaft
JdShG	Jahrbuch der deutschen Shakespeare- Gesellschaft
JEGP	Journal of English and German Philology
JFDH	Jahrbuch des Freien Deutschen Hochstifts
Köpke	Rudolf Köpke: Ludwig Tieck, Leipzig 1855
KS	Kritische Schriften
LWJB	Literaturwissenschaftliches Jahrbuch
MLQ	Modern Language Quarterly
MLR	Modern Language Review
N.	Nachlaß
NS	Nachgelassene Schriften
PMLA	Publications of the Modern Language Association of America
rde	rowohlts deutsche enzyklopädie
rub	Reclams Universal-Bibliothek
Schriften	Ludwig Tieck's Schriften, Berlin 1828–54
Schweikert	Ludwig Tieck, München 1971, Dichter über ihre Dichtungen 9 I–III
Segebrecht	Ludwig Tieck, Darmstadt 1976, Wege der Forschung 386
SW	August Wilhelm Schlegel's sämmtliche Werke, hg. v. E. Böcking, Leipzig 1846–48
ZfdPh	Zeitschrift für deutsche Philologie

Einleitung: Zur Tieckforschung

Betrachtet man die Bemühungen um die Erforschung von Ludwig Tiecks Leben und Schaffen während der letzten 150 Jahre, so läßt sich feststellen, daß trotz einer Fülle von sowohl primären als auch vor allem sekundären Quellenzeugnissen Tiecks Werk bis heute als Ganzes weder gesichtet noch wissenschaftlich erarbeitet ist. Obwohl viele Erscheinungen der deutschen Poesie und Kultur ohne Tieck nicht vorstellbar sind, gehört sein Werk nicht fraglos zum kulturellen Besitz der Deutschen. Sichtbare Zeichen dafür sind einmal das Fehlen einer brauchbaren Leseausgabe der Werke sowie auch der starke Anteil der ausländischen Germanistik, namentlich der französischen und amerikanischen, an der Erstellung eines Tieckbildes. Daß die ausländische Germanistik in erster Linie den Dichter ihrer heimischen Kultur vermitteln will und auch aus ihrer eigenen Kultur heraus spricht, gehört mit in diesen Zusammenhang. Diesen Sachverhalt kann man freilich nicht allein der Tieckforschung zum Vorwurf machen: der Dichter selbst hat in seinem langen Leben ein umfangreiches, ebenso vielfältiges wie disparates Werk hinterlassen, das keine einheitlichen Stilmerkmale aufweist und das auch Tieck keineswegs als gleichwertig angesehen hat. Während das romantische Jugendwerk sein Bild allzusehr geprägt hat, sind große Teile seines Werkes, des Spätwerkes vor allem, weitgehend unbeachtet geblieben. Tieck selbst war am Schaffen seines eigenen Dichterbildes stark beteiligt und hat damit unweigerlich auf die Nachwelt eingewirkt. Er reagierte sein Leben lang auf alle wichtigen geistigen und künstlerischen Anregungen seiner Zeit und verkehrte in den verschiedensten Gruppen und Gesellschaftskreisen. Diese Phänomene alle in einen Zusammenhang zu bringen und angemessen darzustellen, ist der Tieck-Forschung bisher noch nicht gelungen. Die Germanistik mag in Sachen Tieck ein schlechtes Gewissen haben (so jedenfalls Manfred Frank in: Germanistik 14, 1973, H. 2, S. 419), ein mea culpa gehört fast zum guten Ton einer jeden neueren Tieckstudie. Eine Haltung der ausschließlichen Kritik an der unzureichenden Forschungslage unterschätzt einerseits die oben angedeuteten, mit dem Publikumsgeschmack und dessen Wandlungen stark verbundenen zeitbedingten Probleme und übersieht andererseits – und mit dieser Einsicht sollte man eine Tieckstudie auch einsetzen lassen – die bisherigen Bemühungen und Neuansätze der Tieckforschung und den mühevollen Weg ihrer Erarbeitung.

Eine Bibliographie der Literatur von und über Tieck fehlt. Seit Goedekes ›Umriß‹ ist der einzige größere Ansatz zu einer Tieckbibliographie im Anhang einer zudem noch ungedruckten Dissertation zu finden, ein Umstand, der über den Stand der Tieckforschung manches aussagt. Immerhin wird dort die Forschung bis 1962 verfolgt und eine Gesamtbibliographie von Tiecks Werken und Briefen angestrebt. Diese verdienstvolle Aufstellung kann aber weder Vollständigkeit noch letzte Genauigkeit beanspruchen.

Hans-Geert Falkenberg: Strukturen des Nihilismus im Frühwerk Ludwig Tiecks, Diss. Masch. Göttingen 1956 (Anhang mit Literatur bis 1962).

In auffallendem Gegensatz etwa zu Novalis, Friedrich Schlegel oder Eichendorff, und analog etwa zu August Wilhelm Schlegel, Zacharias Werner oder Achim von Arnim gibt es keine im Entstehen begriffene *Gesamtausgabe der Schriften und Werke* Tiecks. Wie Friedrich Schlegel war auch Tieck in seinen mittleren Jahren um eine rechtmäßige Ausgabe seiner Hauptschriften bemüht; sie ist zwischen 1828 und 1854, aber hauptsächlich 1828/29 bzw. 1853/54 erschienen und stellt im Neudruck die unentbehrliche Standardausgabe dar. Sie entspricht in Anordnung und Auswahl Tiecks eigener Vorstellung von seinem Dichterruhm; es fehlen die Lyrik, bisher unveröffentlichte Jugendschriften, fast das ganze Übersetzungswerk sowie die kritischen Aufsätze. Allerdings lagen für die Nichtaufnahme einiger Werke (z. B. des Romans »Vittoria Accorombona«) auch verlagsrechtliche Gründe vor. Jugendwerke wie »Abdallah«, »William Lovell« oder ein romantisches Werk wie »Die verkehrte Welt« erschienen in neu bearbeiteter oder gekürzter Fassung; der letzte Roman, »Vittoria Accorombona«, fehlt. Die Rezensionen und Aufsätze erschienen 1848–52 zusammengefaßt als »Kritische Schriften«. Die »Nachgelassenen Schriften«, die nur einen kleinen Teil des Nachlasses enthalten, gab Rudolf Köpke 1855 heraus. Die Lückenhaftigkeit dieser sonst unentbehrlichen Quellenausgaben erschwert den Überblick über das Gesamtwerk Tiecks. Brauchbare Auswahlausgaben sind die von Klee, Witkowski und Berend, die aber trotz ergiebiger Einleitung und Kommentierung die textliche Zerstreuung der älteren Editionen im Kleinen widerspiegeln. Die vierbändige Tieck-Ausgabe von Marianne Thalmann ist leider nicht so wissenschaftlich fundiert und textsicher geraten, wie man es heute erwarten dürfte. Begrüßenswert ist allerdings ihre Auswahl, die zum ersten Mal in einem solchen Rahmen die Spannweite des Tieckschen Werkes, besonders des Spätwerks, anschaulich macht.

Ausgaben

Ludwig Tieck's Schriften, Berlin: Reimer 1828–1854, 28 Bde. Neudruck Berlin 1966. Über die Entstehung der Schriften s. u. S. 86.

Kritische Schriften. Zum erstenmale gesammelt und mit einer Vorrede herausgegeben von Ludwig Tieck, Leipzig: Brockhaus 1848–52, 4 Bde. Neudruck Berlin 1973.

Ausgewählte kritische Schriften. Mit einer Einleitung von E. Ribbat, Tübingen 1975, Deutsche Texte 34.

Roger Paulin: Ludwig Tiecks Essayistik. In: Jb. f. Internationale Germanistik 1, 1982, S. 126–156.

Ludwig Tieck's nachgelassene Schriften. Auswahl und Nachlese. Hg. von *Rudolf Köpke*, Leipzig: Brockhaus 1855, 2 Bde. Neudruck Berlin-New York 1974.

Werke, hg. v. *Gotthold Ludwig Klee*, Leipzig und Wien 1892, Meyers Klassiker, 3 Bde.

Ausgewählte Werke, hg. v. *Georg Witkowski*, Leipzig 1903, 4 Bde.

Werke, hg. v. *Eduard Berend*, Berlin-Leipzig-Wien-Stuttgart 1908, Goldene Klassiker-Bibliothek, 6 Teile.

Werke in vier Bänden, hg. v. *Marianne Thalmann*, München 1963–66.

Eine umfassende Leseausgabe von Tiecks Schriften zu erstellen, bleibt eine dringende Forderung an die Romantikforschung. Dafür Tieck weder Stiftungen noch besondere Interessengemeinschaften zu gewinnen sind (wie etwa für Friedrich Schlegel oder Eichendorff), erscheint eine historisch-kritische Edition im Augenblick ausgeschlossen. Das Reprintprogramm der letzten Jahre, das einige sonst schwer auffindbare Texte Tiecks wieder zugänglich gemacht hat (z. B. »Gedichte«, »Musen-Almanach für das Jahr 1802«, »Die Sängerfahrt«) sollte über die Notwendigkeit einer Leseausgabe nicht hinwegtäuschen.

Die Hoffnungen auf eine solche Ausgabe gehen jetzt in Erfüllung mit der auf 12 Bände geplanten Sammlung der Schriften Tiecks im Deutschen Klassiker Verlag. Von der berechtigten Annahme ausgehend, daß es »keine einzige Ausgabe, die annähernd vollständig heißen dürfte und heutigen philologischen Anforderungen gerecht würde«, gibt, wird die Ausgabe alle zu Tiecks Lebzeiten veröffentlichten Werke und kritischen Schriften sowie eine Auswahl aus dem Nachlaßwerk bringen. Mit Ausnahme der Gedichte und des

»Phantasus«, von Tieck selbst repräsentativ zusammengeschlossen, folgt die Ausgabe dem chronologischen Entstehungsrhythmus der Werke. Von dieser Ausgabe, die bis 1989 komplett vorliegen soll, dürfte sich die Tieckforschung ganz neue Anstöße versprechen.

Schriften in zwölf Bänden, hg. v. *Manfred Frank, Paul Gerhard Klussmann, Ernst Ribbat, Uwe Schweikert, Wulf Segebrecht.* Bisher Bd. 6: Phantasus. Hg. v. *Manfred Frank.* Frankfurt 1985. Bibliothek Deutscher Klassiker 2; Bd. 12: Schriften 1836–1852. Hg. v. *Uwe Schweikert.* Frankfurt 1986. Bibliothek Deutscher Klassiker 13.

An eine Gesamtausgabe der *Briefe* ist noch weniger zu denken. Der Tieckforscher muß an etwa 50 verschiedenen Stellen nach Tieck-briefen suchen, wenn er die gedruckte Korrespondenz in ihrer Gesamtheit erfassen will. Als immer noch unentbehrlich hervorzu-heben sind die *Briefe an Ludwig Tieck*, die Karl von Holtei in vier Bänden pietätvoll, aber nicht nach streng wissenschaftlichen Prin-zipien veröffentlichte. Bedeutende Teilausgaben aus der Vorkriegs-zeit geben den Briefwechsel Tiecks mit Brockhaus, den Brüdern Schlegel, Solger und Ida von Lüttichau wieder. Die zwei größeren Briefausgaben, die Edwin H. Zeydel, Percy Matenko und andere Mitarbeiter 1937 und 1967 edierten, bilden die Grundlage einer jeden Erforschung von Tiecks Leben und Werk. Hier wurden zum ersten Male die verstreuten Korrespondenzen Tiecks gesammelt und herausgegeben; von großem Interesse sind z. B. die Briefe an die Geschwister, an F. H. von der Hagen, an die verschiedenen Verleger oder an Graf Yorck von Wartenburg. Muster ihrer Art sind diese Briefausgaben freilich nicht (s. Josef Körner: Margina-lien. Kritische Beiträge zur geistesgeschichtlichen Forschung, 1. Folge, Frankfurt am Main 1950, S. 46–48); nicht zu ihrem Vorteil zeichnen sie sich durch Überkommentierung aus. Als Modell einer künftigen Briefausgabe können dagegen die wissenschaftlich fun-dierten Editionen von Wulf Segebrecht und Uwe Schweikert gelten, die sich mit Tiecks Briefen an Eduard von Bülow bzw. verstreuten Korrespondenzen befassen. Unveröffentlichte Briefe von und an Tieck finden sich noch in einigen europäischen und amerikanischen Bibliotheken und Archiven (bes. Sächsische Lan-desbibliothek Dresden; Goethe- und Schiller-Archiv Weimar; Österreichische Nationalbibliothek Wien; Milton Eisenhower Li-brary, Johns Hopkins University, Baltimore, USA); die Briefe Friedrich und Sophie Tiecks an verschiedene Adressaten sind zum größten Teil noch nicht veröffentlicht oder ausgewertet.

Über die verstreuten Einzel- und Teilveröffentlichungen der *Briefe Tiecks* orientieren:

E. H. Zeydel: Die Briefe Ludwig Tiecks. Ein literarisches Problem. In: JEGP 28, 1929, S. 72–85; *Ders.* u. *Percy Matenko*: A Supplementary List of Published Letters From and To Tieck. In: GR 5, 1930, S. 182–83; *Schweikert*: JFDH 1974, S. 245–6.

Briefe an Ludwig Tieck. Ausgewählt und hg. v. *Karl von Holtei*, Breslau 1864, 4 Bde.

Ludwig Tieck und die Brüder Schlegel. Briefe mit Einleitung und Anmerkungen hg. von *Henry Lüdeke*, Frankfurt am Main 1930, Ottendorfer Memorial Fellowship Series of New York University 13. Neudruck hg. von *Edgar Lohner*, München 1972, Winkler Texte.

Aus Tiecks Novellenzeit. Briefwechsel zwischen Ludwig Tieck und F. A. Brockhaus, hg. von *Heinrich Lüdeke von Möllendorf*, Leipzig 1928.

Tieck and Solger. The Complete Correspondence, ed. by *Percy Matenko*, New York-London 1933.

Ludwig Tieck und Ida von Lüttichau in ihren Briefen. Texte hg. und erläutert von *Otto Fiebiger*, Dresden-N. 1937, Mitteilungen des Vereins für Geschichte Dresdens 32.

Letters of Ludwig Tieck Hitherto Unpublished 1792–1853. Collected and ed. by *Edwin H. Zeydel, Percy Matenko* and *Robert Herndon Fife*, New York-London 1937.

Letters To and From Ludwig Tieck and His Circle. Unpublished Letters From the Period of German Romanticism Including the Unpublished Correspondence of Sophie and Ludwig Tieck. Collected and ed. by *Percy Matenko, Edwin H. Zeydel* and *Bertha M. Masche*, Chapel Hill 1967, University of North Carolina Studies in the Germanic Languages and Literatures 57.

Wulf Segebrecht: Ludwig Tieck an Eduard von Bülow. Dreiundzwanzig Briefe. In: JFDH 1966, S. 384–456.

Uwe Schweikert: Korrespondenzen Ludwig Tiecks und seiner Geschwister. 68 unveröffentlichte Briefe. In: JFDH 1971, S. 311–429.

ders.: Korrespondenzen Ludwig Tiecks. 16 unveröffentlichte Briefe. In: JFDH 1974, S. 245–280.

Der *handschriftliche Nachlaß* Tiecks befindet sich in der Staatsbibliothek Preußischer Kulturbesitz/Berlin (West). Dieser 42 Kapseln umfassende Nachlaß enthält manches noch Unveröffentlichte, vor allem Jugendwerke (Gedichte, Lustspiele, Trauerspiele, Singspiele), aber auch Fragmente zu den Bearbeitungen älterer deutscher Literatur, Notizen Köpkes zu seiner Tieck-Biographie und eine späte Übersetzung von Sheridans »The Rivals«. Vieles bedarf noch einer wissenschaftlichen Auswertung und Einfügung in das Gesamtbild von Tiecks Dichtung. Die Nationalbibliothek Wien besitzt die 350 Seiten umfassende unveröffentlichte »Geschichte und Theorie der bildenden Künste«.

Marginalien in Büchern aus Tiecks Besitz gehören ebenfalls zu dem noch unveröffentlichten und nicht vollständig ausgewerteten

Material. Zu diesen Büchern, die sich alle im Besitz der British Library/London befinden, gehören Shakespeare- und Ben Jonson-Ausgaben, Hazlitt, dramatische Werke der spanischen Literatur und Myllers »Sammlung deutscher Gedichte aus dem XII., XIII. und XIV. Jahrhundert«. Das Exemplar von Bernhardis »Bambocciaden« enthält eine handschriftliche Überarbeitung von »Die verkehrte Welt«.

Hermann Degering: Kurzes Verzeichnis der germanischen Handschriften der Preußischen Staatsbibliothek, Leipzig 1925–32, Mitteilungen aus der Preußischen Staatsbibliothek 7–9.

Wilhelm Frels: Deutsche Dichterhandschriften von 1400 bis 1900, Leipzig 1934, Bibliographical Publications. Germanic Section Modern Languages Association of America 2, S. 295–6.

Edwin H. Zeydel: Ludwig Tieck, the German Romanticist, enthält S. 15–25 eine Orientierung über das nachgelassene Jugendwerk.

Harvey W. Hewett-Thayer: Tieck's Marginalia in the British Museum. In: GR 9, 1936–37, S. 9–17.

ders.: Tieck and the Elizabethan Drama: His Marginalia. In: JEGP 34, 1936–37, S. 377–407.

(Die Shakespeare- und Jonson-Marginalien werden demnächst von *Elisabeth Neu* publiziert.)

Tiecks Werk ist von jeher mehr als ein Gebiet, das sich zu Detailforschung eignet, betrachtet worden. So beschäftigen sich allein ca. 150 Dissertationen mit Teilaspekten; Gesamtdarstellungen sind umso seltener. Als unentbehrliche, informationsreiche Grundlage für jede umfassende Beschäftigung dient Rudolf Köpkes Lebensdarstellung (1855). Allerdings erfährt das Tieckbild durch Köpke einige fast hagiographisch wirkende Verschönerungen: aus Familienrücksichten wurde einiges verschwiegen und retouchiert, bzw. Köpke hat seine Aufzeichnungen mildernd-harmonisch gestaltet und veröffentlicht. Da sich diese Biographie auf Gespräche mit dem Dichter im hohen Alter gründet, schwankt die Darstellung oft zwischen klarer Erinnerung an die Jugend und vergrämter Ablehnung moderner Zeiterscheinungen, ohne dem mittleren Grad der Reflexion gebührend Platz einzuräumen. Dennoch fängt jede ernsthafte Bemühung um den Dichter bei Köpke an.

Weniger ergiebig sind dagegen die Memoiren eines anderen Gesprächspartners von Tieck, Hermann von Friesen. Voll von mißbilligenden Werturteilen, aber mit positivistischer Genauigkeit zeichnete Rudolf Haym 1870 das erste umfassende Bild des jungen Tieck, das nicht auf direkte Begegnung zurückgeht. Hayms These von der inneren wie äußeren Labilität Tiecks, dem haltlosen Wesen seines Charakters, bestimmte die Forschung für lange Zeit nachhaltig. Sie wirkt in Witkowskis ausführlicher Einleitung zu seiner Ausgabe noch nach, und vor allem in Friedrich Gundolfs schwungvollem Essay von 1929, der trotz des berüchtigt gewordenen Urteils von dem »Unterhaltungsschriftsteller hohen Niveaus« und einer durchwegs antiromantischen Voreingenommenheit als gelungener Ansatz gewürdigt werden kann. An diese drei letzten Studien knüpft der Amerikaner Edwin H. Zeydel in seiner groß angelegten Monographie an (1935). Über die Methode und Sicht dieses Buches ist vielfach negativ geurteilt worden; ihm bleibt trotzdem das Verdienst, als erstes den Nachlaß und unveröffentlichte, z. T. nunmehr verschollene Quellen im Sinne des Positivismus ausgewertet zu haben. Daß 1971 ein unveränderter Nachdruck für angemessen erachtet wurde, mag freilich bedenklich stimmen. Einen bedeutenden Neuansatz markierte die französische Studie von Robert Minder (1936), in der Tiecks Wandlungsfähigkeit, Leichtigkeit und weltmännische Souveränität (»grâce«) zum erstenmal positiv als Merkmale ästhetischer Eleganz gewertet werden und dadurch ein Zugang zu Tiecks Gesellschaftskultur geschaffen wird. Weniger glücklich war Minders psychoanalytischer spekulativer Deutungsversuch (von ihm aber seitdem immer wieder beharrlich verfochten), nicht etwa wegen der gewählten Methode, sondern aufgrund seiner einseitigen Auswertung des Belegmaterials. Als Herausforderung und zugleich als Vorstufe zu einem neu zu gewinnenden Tieckbild hat Marianne Thalmann ihre verschiedenen Untersuchungen verstanden. Von einer These der immerwährenden Modernität (dem sog. »Manierismus«) des Dichters ausgehend, der in einer permanenten Krisensituation geschaffen habe, hat Marianne Thalmann vor allem Aspekte des jungen und des Dresdner Tieck schlaglichtartig erhellt; wobei allerdings ein Hang zu vagen Theorien und damit einer Eigenwilligkeit der Interpretation nicht zu übersehen ist. Jedoch motiviert Thalmanns Versuch die erwünschte Konfrontation und Auseinandersetzung mit dem Dichter selbst. Von den Schriftstellern der jüngeren Gegenwart hat – neben den DDR-Autoren Günter de Bruyn und Franz Fühmann – bezeichnenderweise nur der Einzelgänger Arno Schmidt eine Ehrenrettung Tiecks unternommen, die in erfreulichem Gegensatz zu mancher germanistischen Arbeit Tiecks Witz und satirische Ader von Vorstellungen der Krisenhaftigkeit oder theoretischen Enge befreit. Neuerdings hat Ernst Ribbat Tiecks Werk, allerdings mit Schwerpunkt auf den Romantiker, dargestellt und einheitliche Linien und Motive sinnvoll ausgearbeitet. Ebenfalls werkorientiert ist W. J. Lillymans größere Studie über Tiecks Hauptprosawerke, der eine Einheit in der Vielheit und Wandlungsfähigkeit des Dichters erblickt. Anders als Ribbat, der eine thematische Konsequenz in Tiecks romantischem Oeuvre herausstellt, geht es Lillyman eher um eine Rehabilitierung eines Meisters der Prosaerzählung. Als eine sozialgeschichtlich orientierte Überschau von Tiecks Leben und als vorbereitenden Beitrag zu einer gründlichen Tieck-Biographie versteht sich Klaus Günzels große Material- und Quellensammlung. Aus der Einheit des Lebens, die es trotz aller Wandlungen gegeben hat, ergibt sich bei Günzel die Einheit des Werkes. Besonders betont er die verschiedenen Rollen dieses »Theatrarchen« und deren Wechsel und Wandel, die durch die Teilhabe an allen wichtigen Strömungen der Zeit bestimmt wird. Auch Roger Paulins Tieck-Biographie, an der angelsächsischen Tradition der Leben-Werk-Beschreibung orientiert, versucht die Struktur dieses wandlungsreichen Lebens zu erfassen und in ihr literarisch-kulturelles Ambiente zu situieren.

Eine Würdigung Tiecks im begrenzten Rahmen eines Essays erweist sich als schwierige, wo nicht unlösbare Aufgabe. Das zeigt schon der Versuch Gumbels, aber im Grunde auch der Minders (»Ludwig Tieck, ein Portrait«): bei allen treffenden Aperçus lassen sich Einseitigkeiten nicht vermeiden. Tiecks Rezeptivität und Wandlungsfähigkeit können auf diese Weise im einen Fall nur annähernd dargestellt werden, oder sie werden im andern zum beherrschenden Prinzip des Essays (vgl. Hillmann und Klussmann).

Dem Tieck-Forscher liegen seit kurzem zwei wichtige Hilfsmittel für eine Gesamtdarstellung des Dichters und der Sekundärliteratur über ihn vor: erstens die von Uwe Schweikert 1971 herausgegebene Sammlung von Materialien und Zeugnissen, die ein authentisches Bild von der Vielfalt des Dichters und Gelehrten und seiner immer neuen intellektuellen und künstlerischen Anstöße vermitteln; und zweitens der von Wulf Segebrecht edierte Essayband, der nach einer sachgerechten Einleitung entscheidende Entwicklungsstufen der Tieckforschung anhand wichtiger Aufsätze dokumentiert.

Rudolf Köpke: Ludwig Tieck. Erinnerungen aus dem Leben des Dichters nach dessen mündlichen und schriftlichen Mittheilungen, Leipzig 1855, 2 Teile, Neudruck Darmstadt 1970; dazu: *Klaus Kanzog*: Ratschläge Friedrich von Raumers zur Tieck-Biographie Rudolf Köpkes. In: JFDH 1970, S. 203–225 – Handschriftliche Aufzeichnungen Köpkes in N.

Hermann von Friesen: Ludwig Tieck. Erinnerungen eines alten Freundes aus den Jahren 1825–1842, Wien 1871, 2 Bde.

Rudolf Haym: Die romantische Schule. Ein Beitrag zur Geschichte des deutschen Geistes, Berlin 1870, Neudruck Darmstadt 1972. S. 19–140.

Friedrich Gundolf: Ludwig Tieck. In: JFDH 1929, S. 99–195. Ebenfalls in: Romantiker. Neue Folge. Berlin-Wilmersdorf 1931, S. 5–139. Auch in Segebrecht, S. 191–265.

Edwin H. Zeydel: Ludwig Tieck, the German Romanticist. A Critical Study, Princeton 1935, Neudruck Hildesheim-New York 1971.

Robert Minder: Un poète romantique allemand: Ludwig Tieck (1773–1853), Paris 1936, Publ. de la Faculté des Lettres de l'Université de Strasbourg Fasc. 72; dazu: *ders.*: Das gewandelte Tieck-Bild. In: Festschrift für Klaus Ziegler. Hg. v. E. Catholy u. W. Hellmann, Tübingen 1968, S. 181–204; *ders.*: Redécouverte de Tieck. In: EG 23, 1968, S. 537–547.

Marianne Thalmann: Ludwig Tieck. Der romantische Weltmann aus Berlin, Bern 1955, Dalp-Taschenbücher 318.

Dies.: Ludwig Tieck, »der Heilige von Dresden«. Aus der Frühzeit der deutschen Novelle, Berlin 1960, Quellen und Forschungen NF 3.

Dies.: Romantik und Manierismus, Stuttgart 1963, Sprache und Literatur 7.

Dies.: Romantiker entdecken die Stadt, München 1965, Sammlg. Dialog.

Dies.: Zeichensprache der Romantik, Heidelberg 1967, Poesie und Wissenschaft 4.

Dies.: Die Romantik des Trivialen. Von Grosses »Genius« bis Tiecks »William Lovell«, München 1970, List Taschenbücher der Literaturwiss. 1442.

Dies.: Provokation und Demonstration in der Komödie der Romantik. Mit Grafiken zu den Literaturkomödien von Tieck, Brentano, Schlegel, Grabbe und zum Amphitryon-Stoff, Berlin 1974.

Arno Schmidt: Die Ritter vom Geist. Von vergessenen Kollegen, Karlsruhe 1965, S. 208–281.

Ernst Ribbat: Ludwig Tieck. Studien zur Konzeption und Praxis romantischer Poesie, Kronberg/Ts. 1977.

William J. Lillyman: Reality's Dark Dream. The Narrative Fiction of Ludwig Tieck. Berlin-New York 1979.

Klaus Günzel: König der Romantik. Das Leben des Dichters Ludwig Tieck in Briefen, Selbstzeugnissen und Berichten. Berlin/DDR 1981. Tübingen 1981.

Roger Paulin: Ludwig Tieck: A Literary Biography, Oxford 1985, (deutsche Fassung in Vorbereitung).

Hermann Gumbel: Ludwig Tiecks dichterischer Weg. In: Romantik–Forschungen, DVjs. Buchreihe 16, Halle 1929, S. 65–82. Auch in Segebrecht, S. 172–190.

Robert Minder: Ludwig Tieck. In: Le Romantisme Allemand. Textes et études publiés sous la direction d'Albert Béguin, Les Cahiers du Sud 1949, S. 166–177. Deutsche Fassung in *Segebrecht*, S. 266–278.

James Trainer: Ludwig Tieck. In: German Men of Letters. Twelve Literary Essays, London 1961, S. 39–57.

Marcel Brion: Ludwig Tieck. In: L'Allemagne Romantique I, Paris 1962, S. 229–298.

Paul Gerhard Klussmann: Ludwig Tieck. In: Deutsche Dichter des 19. Jahrhunderts. Ihr Leben und Werk. Unter Mitarbeit zahlreicher Fachgelehrter hg. v. Benno von Wiese, Berlin 1969, S. 15–52.
Heinz Hillmann: Ludwig Tieck. In: Deutsche Dichter der Romantik. Ihr Leben und Werk. Unter Mitarbeit zahlreicher Fachgelehrter hg. v. Benno von Wiese, Berlin 1971, S. 111–134.
Uwe Schweikert (Hg.): Ludwig Tieck, München 1971, Dichter über ihre Dichtungen hg. R. Hirsch und W. Vordtriede Bd. 9 I–III.
Wulf Segebrecht (Hg.): Ludwig Tieck, Darmstadt 1976, Wege der Forschung Bd. 386.

Forschungsberichte

E. C. Stopp: Wandlungen des Tieckbildes. Ein Literaturbericht. In: DVjs. 17, 1939, S. 252–276 (grundlegend zur Literatur bis 1939).
Marianne Thalmann: Hundert Jahre Tieckforschung. In: Monatshefte 45, 1953, S. 113–123.
Roger Paulin: Der alte Tieck. In: Zur Literatur der Restaurationsepoche 1815–1848. Forschungsreferate und Aufsätze, hg. v. J. Hermand u. M. Windfuhr, Stuttgart 1970, S. 247–262.

Leben und Werk Ludwig Tiecks

I. 1773–1799

(a) Jugend

Ludwig Tieck ist am 31. Mai 1773 in Berlin geboren und am 28. April 1853 dort auch gestorben. Obwohl er nur seine Jugend, die ersten Mannesjahre sowie die Jahre des hohen Alters tatsächlich dort verbracht hat, ist die Stadt Berlin für ihn prägend gewesen. Zeit seines Lebens blieb er mit der Berliner Kulturwelt in fortdauerndem Kontakt; drei seiner wichtigsten Freundschaften – mit Wackenroder, Solger und Raumer – verbanden ihn mit dieser Stadt. Sosehr sich Tieck bisweilen als Berlinhasser gebärdete, hat er sich doch nie für längere Zeit an einem Ort niedergelassen, ob in Ziebingen oder in Dresden, der allzuweit von Berlin entfernt gewesen wäre.

Die Eltern, Johann Ludwig Tieck (gest. 1802) und Anna Sophie Tieck, geb. Berukin [Berudschin?] (gest. 1802), stammten aus Berlin, bzw. dem Brandenburgischen. Über die Mutter ist wenig bekannt; sie war, im Gegensatz zum Vater, der ein durchsetzungsvermögendes und kräftiges Wesen besaß, von stiller und frommer Natur. Johann Ludwig Tieck war Seilermeister und genoß als Zunftmeister und Gildesprecher ein gewisses Ansehen. Er gehörte jener Bevölkerungsschicht an, der es aufgrund der wirtschaftlichen Neuordnungen unter der Regierung Friedrichs des Großen möglich geworden war, einen sozialen Aufstieg aus relativ bescheidenen Lebensverhältnissen ins mittlere Bürgertum zu vollziehen (ein analoges Beispiel ist der Vater Zelters). Die literarischen Kenntnisse des Vaters entsprachen dem Bildungswissen der Aufklärung (Bibel, moralische Wochenschriften, historische Darstellungen), jedoch war er dem Theater und der schönen Literatur durchaus zugetan, besonders der des beginnenden Sturm und Drang. Er ermöglichte seinem frühreifen, lesehungrigen älteren Sohn den Besuch des renommierten Friedrichswerder Gymnasiums und damit einen Bildungsweg, der dem der Söhne des gehobeneren Bürgertums (Wackenroder) und des Adels (Burgsdorff) gleich war.

11

Der junge Tieck ist im spätfriderizianischen Berlin aufgewachsen, das kulturelles und administratives wie auch industrielles Zentrum des Königreichs Preußen war. Die Residenzstadt mit ihren mehr als 110000 Einwohnern war in jeder Hinsicht – Organisation, Kultur – überschaubar und im heutigen Sinne keine Großstadt. Das literarische Leben beherrschten der betriebsame Verleger und Journalist Friedrich Nicolai (1733–1811) und der alternde, hauptsächlich durch seine an Horaz sich anlehnenden Oden bekannt gewordene Karl Wilhelm Ramler (1725–1798), der auch das Theater beeinflußte. Im Berliner Schulwesen tat sich Friedrich Gedike (1754–1803) hervor, der vor allem im Deutsch- und Fremdsprachenunterricht bedeutende Neuerungen einführte, die gerade dem jungen Tieck unter Gedikes Gymnasialleitung zugute kamen. Das kulturelle Klima der Stadt dominierten nicht ausschließlich Repräsentanten der Aufklärung. Berlin war auch Wirkungsort von Gelehrten und Künstlern anderer geistiger Provenienz, wie etwa dem vom König minder geschätzten Begründer der mittelalterlichen Textkritik, Christoph Heinrich Myller (1740–1807), oder Karl Philipp Moritz (1757–1793). Das Berliner Publikum lernte durch die Schrödersche Truppe seit den 70er Jahren die Produktionen des neueren deutschen, englischen und französischen Theaters auf der Bühne kennen; eine breite öffentliche Wirkung hinterließ die Bewegung des Sturm und Drang dort nicht. Die Vielfalt der verschiedenen geistigen Richtungen, seien es Aufklärung, Rokoko oder empfindsame Seelenkultur, deren intensive Berührung, ja Vermischung ist ein charakteristisches Merkmal der Berliner Gesellschaft des ausgehenden 18. Jh.s und hat die Entwicklung Tiecks nachhaltig beeinflußt. Er hat während seines langen Lebens nie den Bezug zu einer solchen Gesellschaftsordnung, zu deren kulturellen Kreisen, zum Publikumsgeschmack verloren. Sein jugendliches Interesse an Literatur und Theater konzentrierte sich zunächst auf Werke des Sturm und Drang (bes. »Götz von Berlichingen« und »Die Räuber«). Das Passiv-Traumhafte, auf jedes intellektuelle Stimulans Reagierende seines Wesens rührt sicherlich aus der Gefühlskultur des beginnenden Sturm und Drang her, während das Praktisch-Räsonierende, wider alle mystische Spekulation Gerichtete seines Charakters seinen Ursprung in der Berliner Aufklärung hat.

Schon als Knabe kam Tieck zu den drei Lieblingsautoren, die sein literarisches Schaffen entscheidend bestimmen sollten: Goethe, Shakespeare und Cervantes. Da sein unermüdlicher Leseeifer durch die Werke dieser Dichter keineswegs befriedigt werden konnte, wandte er sich anderer, zeitgenössischer Literatur zu; Werke verschiedenster literarischer Genres, vom Ritterstück bis zum empfindsamen Singspiel, waren ihm bekannt. Dazu entwickelte er eine ›Theatromanie‹, eine Theaterleidenschaft fast Anton Reiserschen Ausmaßes und eine ausgeprägte mimische Begabung. Literatur und Theater beschäftigten seine rege Phantasie und gingen in die erlebte Alltagswirklichkeit ein.

Eine besonders enge Bindung bestand zwischen Tieck und den Geschwistern, Sophie, (verh. Bernhardi, später verh. Knorring, 1775–1833) und Friedrich, (1776–1851), beide nicht minder begabt als der ältere Bruder, unter dessen Ruhm sie bisweilen litten. In Krisensituationen waren die Geschwister immer zu gegenseitiger Hilfe bereit. Sophie, die in der Ehe und auch als Schriftstellerin große Enttäuschungen erlebte, forderte in hohem Maß die Anteilnahme und Unterstützung der Brüder für sich; an ihr vor allem zeigt sich das Neurotische und Gewaltsame des Tieckschen Familienerbes. Friedrich, der sich im Atelier Davids früh als talentierter Bildhauer auszeichnete, opferte sich in seinen besten Jahren seelisch und finanziell für die Geschwister und blieb mit seinem bildhauerischen Werk, obwohl Rauch und Schadow ebenbürtig, hinter diesen zurück. Durch den Bruder kam Tieck früh mit Künstlern in Berührung; Künstler sollten später ständig zu seinem Gesellschaftskreis gehören.

L. H. Fischer: Aus Berlins Vergangenheit. Gesammelte Aufsätze zur Kultur- und Litteraturgeschichte Berlins, Berlin 1891, S. 19–61.
Rudolf Stadelmann und *Wolfram Fischer*: Johann Ludwig Tieck aus Berlin. Der Aufgeklärte. In: Die Bildungswelt des deutschen Handwerkers um 1800. Studien zur Soziologie des Kleinbürgers im Zeitalter Goethes, Berlin 1955, S. 139–143.
Horst Möller: Aufklärung in Preußen. Der Verleger, Publizist und Geschichtsschreiber Friedrich Nicolai, Berlin 1974, Einzelveröffentlichungen der Hist. Kommission zu Berlin, 15.
Henri Brunschwig: Gesellschaft und Romantik in Preußen im 18. Jahrhundert, Berlin 1977.
Ulrich Hubert: Karl Philipp Moritz und die Anfänge der Romantik. Tieck, Wackenroder, Jean Paul, Friedrich und A. W. Schlegel, Frankfurt am Main 1971.
Harald Scholtz: Friedrich Gedike (1754–1803). Ein Wegbereiter der preußischen Reform des Bildungswesens. In: Jb. f. d. Geschichte Mittel- und Ostdeutschlands 13–14, 1965, S. 128–181.
Walter Salmen: Johann Friedrich Reinhardt. Komponist, Schriftsteller, Kapellmeister und Verwaltungsbeamter der Goethezeit, Freiburg/Zürich 1963.
Moses Breuer: Sophie Bernhardi geb. Tieck als romantische Dichterin. Ein Beitrag zur Geschichte der deutschen Romantik, Diss. Tübingen, Borna-Leipzig 1914 (enthält Briefe).

Edmund Hildebrandt: Friedrich Tieck. Ein Beitrag zur deutschen Kunstgeschichte im Zeitalter Goethes und der Romantik, Leipzig 1906 (enthält Briefe).

Während der letzten Schuljahre erschlossen sich für Tieck, zumeist über persönliche Bindungen, für seine Entwicklung entscheidende Erfahrungen. Er ging empfindsam-schwärmerische Schülerfreundschaften ein, die sich gelegentlich ins Schwermütige und Krisenhafte steigerten (so beim Tod des Schulfreundes Toll 1790). In dieser düsteren Lebensstimmung beschäftigte er sich intensiv mit Literatur; vor anderen Autoren schätzte er Shakespeare, mit dessen dichterischem Universum der Schüler sich zunehmend identifizierte. Diese überreizte Gemütsverfassung findet ab 1788, seinem 15. Lebensjahr, bereits in ersten literarischen Versuchen ihren Niederschlag. Gewichtigen, eher mildernden Einfluß auf Tieck übten in dieser Zeit die älteren Vorbilder Johann Friedrich Reichardt (1752–1814) und Karl Philipp Moritz aus. Durch den Schulfreund Wilhelm Hensler, dem Stiefsohn Reichardts, wurde Tieck in den rokoko-empfindsamen Zirkel des Königlichen Musikdirektors Reichardt eingeführt. Dieser war aufgrund seiner vielseitigen künstlerischen Tätigkeiten eine einflußreiche Persönlichkeit des Berliner Kulturlebens. In seinem Haus trafen sich fortschrittlich orientierte Berliner Intellektuelle und Künstler. Die musikalisch-künstlerische Gesellschaft bot Tieck vielfältige Anregungen und geistigen Austausch; so hatte er Gelegenheit zur Mitwirkung an privaten Theateraufführungen und lernte die Zusammenhänge von Literatur und Musik, bzw. deren gesellschaftlichen Bezug ahnen. Ohne praktisches musikalisches Talent kultivierte er sein musikalisches Empfinden, das sich an der Vorliebe für italienische Kirchenmusik, etwa der Palestrinas oder Pergolesis und für die Singspiele Reichardts und Mozarts zeigt, dem er 1789 persönlich begegnete. Bei Reichardt lernte er dessen Schwägerin Amalie Alberti (1769–1837) kennen, seine spätere Frau. K. Ph. Moritz vermittelte Tieck den »Hang zum Sonderbaren« (so Tieck an Wackenroder, 28. Dez. 1792; Wackenroder: Werke und Briefe, S. 396) und das Interesse für psychologische Reizphänomene; von ihm erhielt er Anleitung zu einem ersten, noch klassizistisch gehaltenen Verständnis für die bildenden Künste, das sich in den ersten Aufsätzen sowie im Briefwechsel mit Wackenroder manifestiert. Tiecks Lehrer wurden auf seine literarischen Produktionen aufmerksam und forderten ihn zur Mitarbeit an ihren Projekten auf. Insbesondere befreundete er sich mit einem jüngeren Lehrer, dem Philologen August Ferdinand Bernhardi (1769–1820), seinem späteren Schwager. Für einen anderen Lehrer, Friedrich Eberhard

Rambach (1767–1826), verfaßte er als gewandter Anempfinder ganze Kapitel für dessen literarische Werke; Tiecks Englischkenntnisse waren bis 1791 soweit gediehen, daß er Karl Friedrich Seidel bei seiner Übersetzung von Middletons »Life of Cicero« behilflich sein konnte.

Bis zum Ende der Schulzeit, im Frühjahr 1792, hatte Tieck an die 25 literarische Werke geschrieben, die Versuche für seine Lehrer nicht mitgezählt; die wenigsten davon hat er selbst zur Veröffentlichung bestimmt. Ohne sie im Einzelnen zu besprechen, soll doch auf die Vielfalt der Gattungen und die erstaunliche Gewandtheit, mit der einzelne Werke, wie z. B. die dramatische Skizze »Die Sommernacht« verfaßt sind, hingewiesen werden. Aus diesen Jugendwerken läßt sich noch kaum erkennen, welche Richtung der spätere Dichter einschlagen wird; verglichen etwa mit den literarischen Anfängen der Brüder Schlegel oder Novalis' scheinen in Tiecks Frühwerk klar erkennbare Anhaltspunkte zu fehlen. Gemeinsame Merkmale sind die Vorliebe für Märchenstoffe (»König Braddeck«, »Das Reh«), lustspielhafte Situationen (»Ich war doch am Ende betrogen«), die Vermischung von Alltagswirklichkeit und poetischer Imagination (»Die Sommernacht«), die weiche lyrische Stimmung und die Mischung von Lyrik und Drama (»Das Lamm«). Fast durchweg handelt es sich um Dramen, die den literarischen Konventionen des späten 18. Jh.s und ihrer Vorbilder entsprechen: bürgerliches Trauerspiel, Singspiel, Shakespeare, Schiller, Gozzi, Ossian, C. F. Weisse, Gotter. Besonders interessant sind das Rousseau nachempfundene Idyllendrama »Alla-Moddin« und die Prosaidylle »Almansur«, die neben den »Paramythien« die empfindsam-vorromantische Stimmungskunst etwa eines Tiedge oder Matthison oder der Geßnerschen Idylle nachahmen.

Die Mitarbeit an Rambachs ossianischem Schauerroman »Die eiserne Maske« und an der Räuber- und Gaunerchronik »Thaten und Feinheiten renomirter Kraft- und Kniffgenies« kündigt eine Wendung zur Prosa an, die zunehmend mehr und schließlich zu Tiecks eigentlichster Ausdrucksweise der reifen Jahre wird. In dieser frühen Schaffensperiode verfügt Tieck über eine erstaunlich große Fertigkeit in der Aneignung und Beherrschung fremder Stile; im Schlußkapitel der »Eisernen Maske« grenzt die Imitation von Rambachs Stil und Situationsgestaltung schon fast ans Parodistische.

Allgemein zu den Jugendwerken s. *E. H. Zeydel*: Ludwig Tieck, S. 15–36. *A. B. Halley*: Five Dramas of Ludwig Tieck Hitherto Unpublished. A

Critical Edition, Diss. Masch. Cincinatti 1959, Dissertation Abstracts 20, 1960, 4396. 2 Teile.

Nützliche ältere Arbeiten sind: *Edgar Alfred Regener*: Tieck-Studien. Drei Kapitel zu dem Thema »Der junge Tieck«, Diss. Rostock, Wilmersdorf-Berlin 1903.

Heinrich Hemmer: Die Anfänge L. Tiecks und seiner dämonisch-schauerlichen Dichtung, Berlin 1910, Acta Germanica VI, 3.

»Die Räuber«. Trauerspiel in fünf Aufzügen (Fragment 1789), unveröff. N.

s. *Julius Petersen*: Schiller und die Bühne. Ein Beitrag zur Litteratur- und Theatergeschichte der klassischen Zeit, Berlin 1904, Palaestra 32, S. 471–477.

»Gotthold«. Trauerspiel in fünf Aufzügen (1789). Veröff. *Halley*, Textteil, S. 38–83.

»Ich war doch am Ende betrogen«. Lustspiel in vier Aufzügen (1789), unveröff. N.

»Jason und Medea« (1789). Veröff. *Halley*, Textteil S. 1–10.

»Siward«. Trauerspiel in fünf Aufzügen (1789). Veröff. *Halley*, S. 84–123.

»Der doppelte Vater«. Lustspiel in vier Aufzügen (1789), unveröff. N.

»Die Entführung«. Lustspiel in fünf Aufzügen (1789), unveröff. N.

»Die Sommernacht«. Ein dramatisches Fragment (1789), Erstdruck in: Rheinisches Taschenbuch hg. C. Dräxler-Manfred, Frankfurt am Main 1851, S. 1–24, Vorwort von Eduard von Bülow. Auch als Sonderdruck: Die Sommernacht. Eine Jugenddichtung Ludwig Tieck's. Mit einem Vorworte von J. D. Walter, Frankfurt am Main 1853, NS, I, S. 3–20.

»Alla-Moddin«. Ein Schauspiel in drei Aufzügen (1790–91). Gedruckt Berlin: Langhoff 1798. – *Schriften*, Bd. 11, S. 269–368.

dazu: *Horst Brunner*: Die poetische Insel. Inseln und Inselvorstellungen in der deutschen Literatur, Stuttgart 1967, Germanistische Abhandlungen 21, S. 127–8.

»Almansur«. Ein Idyll (1790). Gedruckt in: Nesseln. Von Falkenhain [d. h. *A. F. Bernhardi*], Berlin: Maurer 1798. S. 130–162 – *Schriften*, Bd. 8, S. 259–278.

»Anna Boleyn«. Ein Schauspiel in fünf Aufzügen (1790). Veröff. *Frank Preuninger*: M. A. Diss. Cincinatti 1941.

»Das Lamm« (1790). Unveröff. N.

dazu: *Roger Paulin*: The Early Ludwig Tieck and the Idyllic Tradition. In: MLR 70, 1975, S. 110–124.

»Das Reh«. Feenmährchen in vier Aufzügen (1790). NS, Bd. 1, S. 21–75.

dazu: *Edwin H. Zeydel*: Das Reh. Ein Jugendwerk Ludwig Tiecks. In: Euphorion 29, 1928, S. 93–108.

»Der Gefangene«. Eine dramatische Schilderung in zwei Aufzügen (1790), unveröff. N.

»König Braddeck«. (1790), veröff. *Halley*, S. 124–168.

»Niobe«. Versuch eines kleinen Dramas in einem Aufzuge (1790), unveröff. N.

»Roxane«. Trauerspiel in drei Akten (1790), unveröff. N.

Kleine Gedichte und Paramythien, darunter einige in NS, Bd. 1, S. 171–195.

Außerdem folgende nicht mit Sicherheit zu datierende Werke:
»Die Heyrath«. Posse in einem Aufzuge, unveröff. N.
»Die Friedensfeyer«. Schauspiel mit Gesang in zwei Aufzügen, unveröff. N.
»Ein Gesang des Barden Longal«, unveröff. N.
Lustspiel ohne Titel [»Der Vorredner«], unveröff. N.
»Der alte Meiners«. *Halley*, S. 11–37.
Zwei unbenannte Lustspiele [»Phillipine, ein reiches Fräulein«] und [»Du magst sie nicht?«], unveröff. N.
»Der letzte Betrug ist ärger als der erste oder der betrogene Bräutigam«, unveröff. N.
»Der Schwärmer«. Schauspiel (Fragment), unveröff. N.

Mitarbeit:
»Matthias Klostermayer oder der Bayersche Hiesel«. In: »Thaten und Feinheiten renomirter Kraft- und Kniffgenies«. Berlin: Himburg 1790–91, Bd. 2, S. 141–334.
Schlußkapitel von: »Die eiserne Maske. Eine schottische Geschichte von Ottokar Sturm«. Frankfurt und Leipzig: Barth 1792, S. 523–44.
In NS, Bd. 2, S. 3–18 als »Ryno«. Die lyrischen Einlagen des Romans stammen wohl alle von Tieck. Davon zwei NS, Bd. 1, S. 195–205.
Dazu *James Trainer*: Tieck, Rambach and the Corruption of Young Genius. In: GLL NS 16, 1962–63, S. 27–35.
»Middletons Römische Geschichte Ciceros Zeitalter umfassend, verbunden mit dessen Lebensgeschichte«. Aus dem Englischen von *G. K. F. Seidel*. Danzig: Troschel 1791–93.
dazu: *E. H. Zeydel*: Ludwig Tieck as a Translator of English. In: PMLA 51, 1936, S. 221–42. [unzuverlässig!]

(b) Studienzeit

Als Neunzehnjähriger, hochbegabt und sensibel, verließ Tieck im Frühjahr 1792 das Gymnasium und begab sich als Student an die Landesuniversität Halle. Anders als für die Jugend der Geniezeit um 1770 bedeutete die durch den Studienbeginn veränderte Lebenssituation weniger eine Befreiung als intensive Bemühung um Fortführung des bisher Geleisteten und Erweiterung der erworbenen Bildung (vgl. Hans Heinrich Muchow: Jugend und Zeitgeist. Morphologie der Kulturpubertät, Reinbek 1962, rde 147–48; zur Zeiterscheinung). Dem Leipziger Goethe vergleichbar gelang es Tieck, sich im Pluralismus der Stilrichtungen und Themen zurechtzufinden und die Krisen der Pubertät hinter angeeigneten literarischen Masken zu verbergen. Diese frühreife Verwandlungsfähigkeit hat Tieck von der älteren Forschung, eingeleitet durch Haym, aber noch hin bis zu Staiger, den Vorwurf der Charakterlosigkeit eingebracht; er wurde abqualifiziert als ein Dichter, dem schon in frühen Jahren der unmittelbare Bezug zum echten Erlebnis fehle. Dabei ist gerade für die in Halle und Göttingen verbrachten Jahre erstmalig eine annähernde Übereinstimmung von Lebensstimmung und künstlerischem Ausdruckswillen festzustellen: Tieck verzichtet in seinen Werken weitgehend auf die bisherige Gattungsvielfalt und vollzieht eine Wendung zu Prosawerken, deren eher düstertragische Stimmung seiner damaligen Gefühlslage durchaus entsprach. Die Qualität von Tiecks Dichtungen an der ›Echtheit des Erlebnisses‹ bemessen zu wollen, ist sowohl für Werke dieser Zeit als auch das Gesamtwerk abwegig, da literarische Vorbilder und ›Erlebtes‹ als Auslöser bei Tieck eine gleichwertige Rolle spielen. Oft scheint es, als habe Tieck bewußt eine Kongruenz von Imagination und Realität angestrebt, wie es für die ausgesprochen literarisierte empfindsame Kultur eines »Anton Reiser« oder eines Jung-Stilling charakteristisch ist. Abgesehen von einigen, vereinzelten Aufrufen zur Freiheit, die gesinnungsmäßig dem ausgehenden 18. Jh. verpflichtet sind, findet sich in seinem Frühwerk eine Hervorhebung literarischer oder allenfalls nationaler, nicht jedoch politischer oder sozialer Werte. Anders sein Schulfreund Hensler, Reichardts Stiefsohn, der sich der Französischen Revolution anschloß und französischer Staatsbürger wurde.

Die Universität Halle stand am Ende des 18. Jh.s wegen wüster Studentenhändel in keinem sehr guten Ansehen, wie dies nach Tieck auch noch Arnim und Eichendorff feststellen mußten. Formell als Student der Theologie eingeschrieben, widmete sich Tieck beinahe ausschließlich dem Studium der Literatur, Altertumswissenschaft und Philosophie. (Er war nicht mehr, wie vordem die Vertreter seines Standes, auf ein Studium der Theologie angewiesen.) Es zeigte sich sehr bald – was auch für seine weitere Entwicklung zutreffen sollte –, daß es ihm an einem tieferen Verständnis und Interesse für die Philosophie mangelte; das bedeutet freilich nicht, daß er für die philosophischen Strömungen der Romantik und Nachromantik unempfänglich gewesen sei und diese nicht in sein Werk eingegangen wären. Jeder Versuch, sein Werk philosophisch deuten zu wollen, bleibt problematisch (vgl. Manfred Frank: Das Problem »Zeit« in der deutschen Romantik. Zeitbewußtsein und Bewußtsein von Zeitlichkeit in der frühromantischen Philosophie und in Tiecks Dichtung, München 1972). Der Umgang mit dem bedeutenden Altphilologen Friedrich August Wolf (1759–1824) war für Tieck ein Gewinn und machte ihm die Antike zum lebendigen Besitz. In Halle nahm er den intensiven Kontakt zu Reichardt wieder auf, der sich, nachdem er Berlin wegen seines Eintretens für die Französische Revolution hatte verlassen müssen, seit 1791 am Giebichenstein niedergelassen hatte. Nur wenige Zeit später sollte Reichardts Haus in Halle zu einem Treffpunkt der romantischen Bewegung werden. Die wilde Felsen- und Flußlandschaft, eine Harzreise im Juli 1792 wurden dem Stadtmenschen Tieck zu einem überwältigenden Naturerlebnis; der Anblick der aufgehenden Sonne im Harz ließ ihn die Gewißheit der göttlichen Gnade erfahren (»Es war eine Stätte der Offenbarung. Ein Patriarch des alten Testaments würde hier einen Denkstein errichtet haben.« Köpke I, S. 144). Ganz sicher ist es richtig, dieses Erlebnis als auslösende Ursache für Tiecks Neigung zur Naturmystik und für sein Interesse an parapsychologischen Phänomenen anzusehen. Jedoch ist es fragwürdig, dieses für das Urerlebnis seines Lebens schlechthin zu halten und die Bedingungen seines Schaffens daraus abzuleiten (vgl. Ansätze bei Weigand und Münz). Das hieße, die literarischen Vorbilder und Einflüsse (etwa Jung-Stilling) außer acht zu lassen, deren Wirkung auf Tieck in dieser Zeit außerordentlich groß war. Seine Lektüre bestand vorwiegend aus düsteren oder die Sinne aufreizenden Modeschriften der Empfindsamkeit oder des Rokoko: »Werther«, Heinses »Ardinghello«, Restif de la Bretonnes »Le paysan perverti«. Ein mehrstündiges Vorlesen des damals berühmten, heute aber völlig vergessenen Schauerromans »Der Genius« von Karl Grosse (1768–1847) führte dazu, daß sich ihm Phantasie und Wirklichkeit zu halluzinatorischen Schreckensbildern vermischten. Diese übersensible Art des Natur- und Literaturerlebnisses läßt den von mannigfaltigen Eindrücken stimulierten Seelenzustand des jungen Mannes erkennen.

Der ihm nahestehendste Studiengenosse dieser Zeit war der ehemalige Schulfreund Wilhelm von Burgsdorff (1772–1822), dessen heiter-witzige, souveräne Art positiven Einfluß auf Tieck hatte. Burgsdorffs kritischer Geist bot ein gesundes Gegengewicht zu Tiecks schwärmerischen Anlagen, und er war in Tiecks Leben eine mindestens ebenso wichtige Persönlichkeit, wie der unter gesellschaftlichen Normen leidende Wackenroder. Durch Burgsdorff kam Tieck – wie auch später sein Bruder Friedrich – zum ersten Mal mit Adelskreisen in Berührung. Mit ihm zusammen wechselte Tieck im Herbst 1792 an die Göttinger Universität über. Die noch junge Universität mit ihrer hohen geistigen Atmosphäre und ihrer nicht minder berühmten Bibliothek hatte mehr und mehr die

akademische Elite zum Studium angezogen, u. a. Persönlichkeiten
wie die Brüder Humboldt, den späteren Staatskanzler Hardenberg,
den Freiherrn vom Stein. Der junge, aus Hannover stammende
August Wilhelm Schlegel hatte sich dort schon Ende der 80er
Jahre, angeregt durch den Umgang mit Bürger und dem Altphilologen und Bibliothekar Christian Gottlob Heyne (1729–1812),
Kenntnisse angeeignet, die die Grundlage zu seiner romantischen
Literaturtheorie bildeten. Tieck war von den bekannten Göttinger
Professoren wie Lichtenberg oder Bürger weniger beeindruckt,
umso mehr von Heyne und dem Kunsthistoriker Johann Dominik
Fiorillo (1748–1821), in dessen Vorlesungen ihm erste systemati-
sche Kenntnisse über italienische und französische Kunst vermittelt
wurden. Ungemindert kontinuierlich galt seine Aufmerksamkeit
dem Studium Shakespeares, mit dem er sich während der drei
Göttinger Semester intensiv beschäftigte. Ausgiebig nutzte er die
reichen englischsprachigen Bestände der Universitätsbibliothek,
und mit der Unterstützung des Professors und Unterbibliothekars
Jeremias David Reuss (1750–1837) erwarb er sich umfassende
Kenntnisse der Shakespeareschen Texte, ihrer Textgeschichte,
sowie der kritischen Literatur. In diese Zeit fiel auch die erste
gründliche Beschäftigung mit der spanischen Sprache. Tieck
machte große Fortschritte und war bald in der Lage, den »Don
Quijote« im Original lesen zu können.

Köpke: Bd. 1, S. 129–153.
Alfons Fedor Cohn: Wilhelm von Burgsdorff. In: Euphorion 14, 1907, S.
533–65.
A. Gillies: Ludwig Tieck's English Studies at the University of Göttingen,
1792–1794. In: JEGP 36, 1936–37, S. 206–23.
Ders.: Ludwig Tieck's Initiation Into Spanish Studies. In: MLR 33, 1938, S.
396–401.

Für Tieck waren das Semester in Halle und das erste Göttinger
Semester eine Zeit des regen Schaffens. Es entwickelte sich
allmählich eine Art eigener Stil, wenn auch grelle Töne und extreme
Situationen verraten, wie wenig persönliche Stimmungen und
literarische Vorbilder bisher verarbeitet sind. Im Zusammenhang
mit der ästhetischen Diskussion des 18. Jh.s entsteht bei Tieck das
Bedürfnis, sich *direkt* zu ästhetischen Problemen zu äußern; so in
dem erst 1985 veröffentlichten Aufsatz »Soll der Mahler seine
Gegenstände lieber aus dem erzählenden oder dramatischen Dichter nehmen?«, der auf eine eingehende Auseinandersetzung mit
Lessings »Laokoon« und dessen Fragen schließen läßt. Einen
entscheidenden Neuansatz, gemessen an den Anfängen der Schulzeit, bezeichnet der Essay »Über das Erhabene«, in dem die

früheren Forderungen nach »sanften Empfindungen« oder »Rührung« Vorstellungen von Seelengröße und Überhöhung weichen. Diese Begrifflichkeit, die auf den gleichnamigen spätantiken Traktat des sogenannten Pseudo-Longinus sowie auf Burke zurückgeht, spielte gerade in der Entwicklung der ›gothic novel‹, des Schauerromans, eine wichtige Rolle: von Grosse stammt eine frühere Abhandlung, ebenfalls mit dem Titel »Ueber das Erhabene« (Göttingen und Leipzig 1788) und Ann Radcliffe, die führende englische Vertreterin des ›gothic novel‹, behandelt immer wieder das Thema »sublimity«. Unter dem Einfluß eines dieser Romane, wohl William Beckfords »Vathek« (1787), entstand die orientalisch kolorierte Erzählung »Abdallah«. Schon das Motto zur ersten Ausgabe, mit den bekannten Zeilen aus dem »Sommernachtstraum« (»The poet's eye, in a fine frenzy rolling . . .«) zeigt den Akzent von Tiecks jugendlichem Shakespeare-Verständnis und deutet auf die Erhabenheit des großen Themas, »from heaven to earth, from earth to heaven«. Verzweifeltes Ringen um Schicksal, Vergänglichkeit, Genuß und Selbsterfüllung steht unvermittelt neben idyllischer Stimmungskunst und Abenteuerlust, bis am Ende der Erzählung der menschlichen Existenz auf radikale Weise jeglicher Sinn abgesprochen wird. »Abdallah« kann in gewisser Hinsicht als Vorstufe zum ersten selbständigen Werk, dem »William Lovell« angesehen werden. Auf zukünftige Werke deuten auch zwei im mittelalterlichen Kostüm spielende Werke, das Versepos »Das Mährchen vom Roßtrapp« und die Erzählung »Adalbert und Emma« (später »Das grüne Band«), insofern, als eine schicksalsträchtige Atmosphäre und ein weicher lyrischer Ton in ein zeitlich unbestimmbares Mittelalter projiziert werden (vgl. später »Der blonde Eckbert«). Eher auf das bürgerliche Trauerspiel und das Schicksalsdrama Lillos sowie auf die eigenen Jugenddramen nimmt dagegen das Dramolett »Der Abschied« Bezug, das trotz der Flüchtigkeit in der Ausführung immerhin einen ausgeprägten Sinn für das Bühnentechnische verrät.

»Abdallah«. Eine Erzählung (1792). Berlin und Leipzig: Carl August Nicolai 1795. – *Schriften*, Bd. 8, S. 1–242.
»Soll der Mahler seine Gegenstände lieber aus dem erzählenden oder dramatischen Dichter nehmen?« (1792). – Veröff. *Achim Hölter*: Ein ungedruckter Aufsatz Ludwig Tiecks zur Beziehung von Literatur und bildender Kunst. In: Zfdt Phil 104 (1985) S. 506–520.
»Über das Erhabene« (1792). – Veröff. *Edwin H. Zeydel*: Tieck's Essay »Über das Erhabene«. In: PMLA 50, 1935, S. 537–49.
»Das Mährchen vom Roßtrapp« (1792) unveröff. N.
»Adalbert und Emma oder das grüne Band«. Eine Rittergeschichte (1792).

Gedruckt in: Hugo Lenz [d. i. F. E. Rambach]: *Ritter, Pfaffen und Geister*, Leipzig: Barth 1793. – Als »Das grüne Band« in: *Schriften*, Bd. 8, S. 279–345.

»Der Abschied«. Ein Trauerspiel in zwey Aufzügen (1792). Berlin: Langhoff 1798. – *Schriften*, Bd. 2, S. 273–326. – S. *Herbert Kraft*: Das Schicksalsdrama: Interpretation und Kritik einer literarischen Reihe, Tübingen 1974, Untersuchungen zur deutschen Literaturgeschichte 11.

H.-G. Falkenberg: Strukturen des Nihilismus.
James Trainer: Ludwig Tieck. From Gothic to Romantic, London–den Haag 1964, Anglica Germanica 8.

Ein ständiger Begleiter Tiecks – ob in Person oder in Briefen – von der späten Schulzeit an und zugleich der innigste Freund war Wilhelm Heinrich Wackenroder (1773–1798), der Sohn eines hohen Berliner Beamten. Zarter, weicher und hingebungsvoller, aber weniger lebenskräftig als Tieck war er ihm in einer empfindsamen Freundschaft verbunden, die für ihn (weniger für Tieck) fast zum ausschließlichen Lebensinhalt wurde. In Verlauf und Ausdruck erweist sich diese Beziehung als Fortführung des literarischen Freundschaftskultes des 18. Jh.s, der mit der Romantikergeneration auch in kreativ-produktiver Gemeinschaft wieder auflebte (Jean Paul, Hölderlin, Arnim und Brentano, Runge, die Nazarener). Wackenroder besaß nicht die umfassende Weite von Tiecks literarischen Kenntnissen, er war dafür musikalisch gebildeter und verstand mehr als Tieck von der Kunst und Literatur des deutschen Mittelalters – durch die Vermittlung des Architekten Friedrich Gilly (1772–1800) und des Predigers und Privatgelehrten Erduin Julius Koch (1764–1834).

Der Briefwechsel zwischen Tieck und Wackenroder in den Jahren 1792–93 ist das bedeutendste persönliche Zeugnis der beginnenden Frühromantik. Darin ist der Wandel in Tiecks ästhetischen Ansichten, die Krisenhaftigkeit seines dichterischen Bewußtseins sowie seine bisweilen außerordentliche Gestaltungsfähigkeit dokumentiert. Einige Briefe zeigen Tieck erfüllt von einem solch kraftvollen poetischen Selbstbewußtsein, daß Poesie und Lebensbericht ineinanderfließen und zu einer dichterischen Einheit werden, die seine eigentliche poetische Produktion gelegentlich an Größe übertrifft (vgl. bes. die Briefe über die Einsamkeit in der Natur auf dem Giebichenstein und über die Lektüre von Grosse). Kein späterer Briefwechsel Tiecks ist im Persönlichen wie im Poetischen so ergiebig und ausdrucksstark. Wackenroders Briefe sind zurückhaltender, weniger emphatisch und drücken oft ein Gefühl der Besorgnis und Sehnsucht aus.

Von entscheidender Bedeutung war das Sommersemester, das Tieck und Wackenroder 1793 in der zur preußischen Landesuniversität gewordenen Universität Erlangen verbrachten. Hier wurde zum ersten Male zur lebendigen Erfahrung, was das antiquarische Interesse der Spätaufklärung (Hirsching, Murr, Koch) der Öffentlichkeit zugänglich gemacht hatte. Höhepunkte dieses Aufenthalts waren die Besuche in Nürnberg, Bamberg, auf Schloß Pommersfelden, sowie die Fußwanderung ins Fichtelgebirge. Unvergeßliche Eindrücke hinterließen in Nürnberg das mittelalterliche Stadtbild und die altdeutsche Kunst Dürers, in Bamberg ein katholisches Hochamt und in der Pommersfeldener Galerie italienische Gemälde – wie man damals noch glaubte – von Raffael. Trotz des unzureichenden Kunstverständnisses waren beide zutiefst betroffen von den ästhetisch-religiösen Erfahrungen und der Naturlandschaft Frankens. Die Briefe, die sie nach Berlin schickten, sind erste Zeugnisse romantischer Natur-(vgl. Tieck an Bernhardi) und Kunstbeschreibungen (vgl. Wackenroder an seine Eltern), die auf eine intensiv innerlich erlebte Wirklichkeit schließen lassen. Das Erlebnis des katholisch barocken Süddeutschland war von entscheidender Bedeutung für ihre literarische Entwicklung, wie auch für andere Dichter der Romantik, einer im Grunde von Norddeutschen und Protestanten getragenen Bewegung.

In den folgenden zwei Semestern, die Tieck und Wackenroder gemeinsam 1793–94 in Göttingen verbrachten, erweiterten und vertieften sie die neu erworbenen Eindrücke. Die beiden Freunde besuchten bei Fiorillo Vorlesungen über Malerei und Kunstgeschichte. Wackenroder widmete sich erneut dem Studium der altdeutschen Literatur, besonders Hans Sachs. Tieck setzte nicht nur seine intensive Beschäftigung mit Shakespeare fort, sondern richtete sein Interesse auf das elisabethanische Theater und Ben Jonson. Vor allem war er bemüht, die Größe Shakespeares in allen ihren Erscheinungen zu erfassen; in dieser Zeit entstand auch der Plan zu einem umfassenden Werk über Shakespeare, der ihn sein Leben lang beschäftigen sollte. Die ersten zur Veröffentlichung bestimmten Arbeiten zu Shakespeare zeigen noch die Einflüsse klassisch-aufklärerischen Geistes und des Irrationalismus. Die Übersetzung des »Sturm« (s. u. S. 98) ist am Vorbild Johann Joachim Eschenburgs (1743–1820) orientiert, des Gründers der deutschen Shakespeare-Forschung. Noch deutlicher geht dies aus der Abhandlung »Shakspeare's Behandlung des Wunderbaren« hervor, der, wie schon aus der Sachlichkeit des Titels hervorgeht, jede Shakespeare-Schwärmerei fremd ist. Diese Abhandlung und die Besprechung der sogenannten Shakespeare-Galerie – Illustrationen zu Shakespeares Dramen –,

(s. u. S. 97) bezeichnen den Beginn von Tiecks literarischer Essayistik, die, wie es allgemein für die Goethezeit und das Biedermeier charakteristisch ist, parallel zur literarischen Produktion entsteht und untrennbar mit ihr verbunden bleibt. Eine farbige Nachempfindung der ritterlich-mittelalterlichen Heldenzeit Shakespearscher Dramen ist die Vorstufe des Dramas »Karl von Berneck« (»Orest in Ritterzeiten«). Zur gleichen Zeit bearbeitete Tieck Jonsons »Volpone« (»Ein Schurke über den andern«). Im Zusammenhang mit den Shakespeare-Studien waren die Besuche, die Tieck auf dem Weg nach Berlin im Mai 1794 machte, von außerordentlicher Bedeutung: in Hamburg vermutlich bei dem berühmten Shakespeare-Darsteller und Regisseur Friedrich Ludwig Schröder (1744–1816) und in Braunschweig bei Eschenburg, der ihn beratend und hilfsbereit unterstützte und ihm Bücher vermittelte.

Der Briefwechsel Tieck–Wackenroder in: *Wilhelm Heinrich Wackenroder*: Werke und Briefe, Heidelberg: Lambert Schneider 1967. – Vgl. *Oscar Fambach*: Zum Briefwechsel Wilhelm Heinrich Wackenroders mit Ludwig Tieck. In: JFDH 1968, S. 257–282; *Richard Littlejohns*: Zum Briefwechsel zwischen Wackenroder und Tieck. Einige Berichtigungen und Bemerkungen. In: ZfdtPh 1978, S. 616–624.
Ludwig Tieck an Bernhardi 1793. In: Aus dem Nachlaß *Varnhagen's von Ense*. Briefe von Chamisso, Gneisenau, Haugwitz, W. von Humboldt, Prinz Louis Ferdinand, Rahel, Rückert, L. Tieck u. a. Bd. 1, Leipzig 1867, S. 191–239.

Gotthold Klee: Tiecks Reise von Berlin nach Erlangen 1793 von ihm selbst berichtet. In: Forschungen zur deutschen Philologie, Festgabe für Rudolf Hildebrand, Leipzig 1894, S. 180–190.
Richard Littlejohns: Die Madonna von Pommersfelden. Geschichte einer romantischen Begeisterung. In: Aurora 45 (1985) S. 163–188.

Eine historisch-kritische Ausgabe der Werke und Briefe Wackenroders bereiten Silvio Vietta und Richard Littlejohns vor.

Joachim Kröll: Ludwig Tieck und Wilhelm Heinrich Wackenroder in Franken. In: Archiv für Geschichte von Oberfranken 41, 1961, S. 345–377.
Ludwig Grote: Die romantische Entdeckung Nürnbergs, München 1967, Bibliothek des Germanischen Nationalmuseums zur deutschen Kunst- und Kulturgeschichte 28.
Karl von Berneck (erste Bearbeitung *Orest in Ritterzeiten*) (1793). Unveröff. N.
Ueber Shakspeare's Behandlung des Wunderbaren (1793). Vorrede zu: *Der Sturm*. Ein Schauspiel von Shakspear, für das Theater bearbeitet von Ludwig Tieck, Berlin und Leipzig: Carl August Nicolai 1796, S. 1–44. KS I, S. 35–74. Dazu:

H. Lüdeke: Ludwig Tieck's erste Shakespeare-Übersetzung (1794). In: JdShG 57, 1921, S. 54–64.

Ueber die Kupferstiche nach der Shakspearschen Gallerie in London. Briefe an einen Freund (1793). In: Neue Bibliothek der schönen Wissenschaften und der freyen Künste Bd. 55, 1795, 2. Stück, S. 187–226. KS I, S. 1–34. Dazu:

George Henry Danton: Tieck's Essay on the Boydell Shakspere Gallery, Indianapolis 1912, New York .University Ottendorfer Memorial Series of Germanic Monographs 3.

Ein Schurke über den andern oder die Fuchsprelle. Ein Lustspiel in drey Aufzügen (1793). Berlin: Langhoff 1798. Als *Herr von Fuchs* in *Schriften*, Bd. 12, S. 1–154.

(c) Berlin 1794–1799

Mit dem Abbruch des Studiums und der Rückkehr nach Berlin im Herbst 1794 hatte Tieck eine folgenreiche Lebensentscheidung getroffen: den Entschluß zum Berufsschriftsteller. Wackenroder blieb dieser Weg versperrt; den Wünschen des Vaters gemäß nahm er eine ungeliebte Tätigkeit als Jurist im preußischen Staatsdienst auf. Für ihn bedeutete Berlin der Ort des versagten Dichterlebens und des seelischen Leidens. Gleichzeitig löste sich Tieck innerlich von dem bis dahin sehr intimen Freundschaftsverhältnis. Noch einmal unternahmen Tieck und Wackenroder eine gemeinsame Reise: im Sommer 1796 begaben sie sich nach Dresden, um in der berühmten Galerie die Gemälde von Raffael und Correggio zu sehen. Unmittelbar zuvor hatte Tieck durch die Verlobung mit Amalie Alberti den ersten Schritt zu einem eigenen Familienleben getan. Die Hochzeit fand in Wackenroders Todesjahr statt. Auch wurden jetzt die Beziehungen zu den Geschwistern viel enger. Mit Sophie zusammen bezog Tieck eine Wohnung, er besprach mit ihr seine dichterischen Pläne und führte sie zum Teil mit ihr gemeinsam aus (»Straußfedern«). Auch der talentvolle Schadowschüler Friedrich teilte das Leben der Geschwister; er verkehrte damals in denselben Gesellschaftskreisen, bis er 1797 durch Burgsdorffs Vermittlung seine künstlerische Ausbildung bei David fortsetzen durfte.

Im Gegensatz zu der bisher erfahrenen akademischen Atmosphäre, in der sich Tieck nie ganz heimisch fühlte, eröffnete sich für ihn in Berlin der Zugang zu einer von neuem Selbstbewußtsein getragenen Öffentlichkeit. Die Gesellschaft der Berliner Salons war mit Toleranz, Offenheit und Großzügigkeit sowohl im Umgang untereinander als auch in der Kommunikation Kristallisationspunkt dieser Öffentlichkeit. Die Salons der Henriette Herz (1764–1847) und Rahel Levin (verh. Varnhagen von Ense, 1771–1833) waren die bekanntesten; dort trafen sich Repräsentanten des Adels (Prinz Louis Ferdinand, Fürst Radziwill, Alexander und Wilhelm von Humboldt) und des gehobenen künstlerisch-literarisch-interessierten Bürgertums (der Bildhauer Schadow, der Diplomat Brinckmann, Zelter, Schleiermacher, der große Schauspieler Fleck). Für Tieck verkörperte sich in Fleck das Ideal des perfekten, souveränen Schauspielers im Gegensatz zu dem in diesen Kreisen unbeliebten Iffland. Zu dem von Ramler beherrschten Theater Berlins fand Tieck allerdings keinen Zugang; der Versuch, mit seiner Übersetzung von Shakespeares »Sturm« den Anschluß an die Bühne zu finden, scheiterte. Von nun an zeigte sich bei ihm zunehmend eine Abneigung gegen den konventionellen Theaterbetrieb und dessen Einseitigkeit und Beschränkungen. Das Schicksalsdrama »Karl von Berneck« und das Gozzi nachempfundene Schauspiel »Hanswurst als Emigrant« sind durchaus noch für die Bühne konzipiert, jedoch bedeutet die Orientierung an den großen ausländischen Vorbildern (Shakespeare, Gozzi, Aristophanes, später Calderón) für Tieck wie schon für die Autoren des Sturm und Drang eine Entfernung von der Bühne.

Karl Hillebrand: Die Berliner Gesellschaft in den Jahren 1795 bis 1815. In: Unbekannte Essays, Bern 1955, S. 13–81.

Klaus Ziegler: Die Berliner Gesellschaft und die Literatur. In: Berlin in Vergangenheit und Gegenwart. Tübinger Vorträge. Hg. v. *Hans Rothfels*, Tübingen 1961, S. 35–48.

Rahel-Bibliothek. Rahel Varnhagen: Gesammelte Werke, hg. v. *Konrad Feilchenfeldt, Uwe Schweikert* u. *Rahel E. Steiner*. Bd. 10: Studien, Materialien, Register. München 1983.

Gonthier-Louis Fink: Volk und Volksdichtung in der ersten Berliner Romantik. In: Romantik in Deutschland. Ein interdisziplinäres Symposion, Hg. v. *Richard Brinkmann*, DVjs.-Sonderband, Stuttgart 1978, S. 532–549.

»Hanswurst als Emigrant«. Puppenspiel in drei Acten (1795). NS I, S. 76–126.

Um mit seiner literarischen Produktion auch seinen Lebensunterhalt bestreiten zu können, wandte sich Tieck an den bekannten Verleger Nicolai. Nicolai, ganz dem Wertsystem der Aufklärung verpflichtet, schätzte besonders die Tugenden des Fleißes und der häuslichen Ordnung und verabscheute die »falsche Originalität, die Laune voll Dunkelheit«; dennoch war er bereit, junge Talente zu fördern, in sie zu investieren und sogar – im Falle Tiecks sehr

wichtig – Vorschüsse zu zahlen. Nicolais wenig zuverlässiger Sohn
Carl August war dem jungen Autor als Verleger ebenfalls freund-
lich gewogen. Die Arbeit für den alten Nicolai war kaum erfreu-
lich; sie gehört auch zu den von der Forschung am wenigsten
geschätzten Werken Tiecks: die »Straußfedern«. Diese 1787 von
Musäus begonnene, dann von Müller von Itzehoe und Nicolai
selbst fortgesetzte populäre Buchreihe bestand aus Erzählungen,
die unterhaltend und moralisch-belehrend sein sollten. Der Titel,
der fremden Federschmuck bedeutet, verrät bereits, daß die
Beiträge ein Gemisch aus originalen Werken und Bearbeitungen
aus dem Französischen waren. Daraus wurde nie ein Hehl gemacht
und das Niveau der meisten Beiträge war auch dementsprechend.
Auch die von Tieck stammenden Erzählungen reichen über bessere
Routine kaum hinaus und stellen lediglich eine Vorstufe zu seinem
eigentlichen Werk dar. Die nur wenig später entstandenen Märchennovellen und parodistischen Komödien schließen an den Stil
der »Straußfedern« an; als Übung im gewandten, witzigen Erzäh-
len und als Parodien, mit gelegentlich selbstparodistischen Zügen,
haben die »Straußfedern«-Erzählungen eine gewisse Bedeutung
und lassen bereits den gemäßigten, souveränen Konversationsstil
ahnen, der später im »Phantasus«, in den Vorreden und Besprechungen aus der Zeit der 20er Jahre des 19. Jh.s und in den
Dresdner Novellen für Tieck charakteristisch wird.

»Straußfedern«. Berlin und Stettin: Fr. Nicolai 1795–98. Außer »Die
 Theegesellschaft«, »Ein Tagebuch« und »Tonelli« tragen Tiecks Beiträge
 keine Titel im Original; die übrigen Titel tauchen erst in den »Schriften«
 auf.
Bd. 4, 1795: »Schicksal« S. 15–78. – Schriften, Bd. 14, S. 1–52.
»Die männliche Mutter«. S. 79–100. – Schriften, Bd. 14, S. 53–70.
Bd. 5, 1796: »Die Rechtsgelehrten«. S. 1–52. – Schriften, Bd. 14, S. 71–108.
»Der Fremde«. S. 53–70. – Schriften, Bd. 14, S. 125–40.
»Die Brüder«. S. 71–90. – Schriften, Bd. 8, S. 243–258.
»Die beiden merkwürdigsten Tage aus Siegmunds Leben«. S. 91–136. –
 Schriften, Bd. 15, S. 87–120.
»Ulrich, der Empfindsame«. S. 137–220. – Schriften, Bd. 15, S. 121–180.
Bd. 6, 1797: »Fermer, der Geniale«. S. 3–36. – Schriften, Bd. 15, S. 181–204.
»Der Naturfreund«. S. 37–58. – Schriften, Bd. 15, S. 205–222.
»Die gelehrte Gesellschaft«. S. 113–138. – Schriften, Bd. 15, S. 223–244.
»Der Psycholog«. S. 229–236. – Schriften, Bd. 15, S. 245–252.
Bd. 7, 1797: »Der Roman in Briefen«. S. 71–118. – Schriften, Bd. 15, S.
 253–290.
»Die Theegesellschaft«. Lustspiel in einem Aufzuge. S. 145–206. – Schrif-
 ten, Bd. 12, S. 355–420.
»Die Freunde«. S. 207–231. – Schriften, Bd. 14, S. 141–160.

Bd. 8, 1798: »Ein Tagebuch«. S. 3–100. – *Schriften*, Bd. 15, S. 291–362.
»Merkwürdige Lebensgeschichte Sr. Majestät Abraham Tonelli«. S.
101–222. – *Schriften*, Bd. 9, S. 243–338 als: »Leben des berühmten
Kaisers Abraham Tonelli«. – Hg. v. *Ernst Ribbat*, Stuttgart 1974, rub
9748; dazu: *Gonthier-Louis Fink*: Die Parodie der bürgerlichen Moral in
Tiecks *Kaiser Tonelli*. In: Euphorion 67, 1973, S. 306–22.
Ludwig Tieck: Die männliche Mutter und andere Liebes-, Lebens-, Spott-
und Schauergeschichten. Herausgegeben und mit einem Nachwort von
Günter de Bruyn, Frankfurt 1984 (Berlin [DDR] 1983).
Zu den »Straußfedern« allgemein:
C. G. von Maassen: Tiecks Straußfedergeschichten. Der Versuch einer
Untersuchung. In: Der grundgescheute Antiquarius 1, H. 4–5, 1921, S.
137–151.
Clara Amon: Die Straußfedergeschichten (unter besonderer Berücksichti-
gung der Beiträge Ludwig Tiecks), Diss. Masch. München 1942.
Ludwig Tieck: Die beiden merkwürdigsten Tage aus Siegmunds Leben.
Fermer, der Geniale. Erzählungen. Hg. v. *Wolfgang Biesterfeld*, Stuttgart
1982, rub 7822.

Die »Straußfedern« parodieren, meistens *indirekt*, den Literaturbe-
trieb, der diese Form von Literatur hervorbringt. In einem ähnlich
witzigen Ton geschrieben, aber eine *direkte* Herausforderung an
diejenigen, die solch abgenutzte und überlebte literarische Tradi-
tionen des ausgehenden 18. Jh.s aufrecht erhielten, war die
Rezension »Die neuesten Musenalmanache«, die 1796 in Rambachs
›Archiv der Zeit‹ erschien. Noch für die Parteigänger der Aufklärung tätig, wird Tieck zu ihrem Kritiker, indem er Nicolais
beliebtestes Mittel zur Belehrung, die Parodie, auf diese Art der
Literatur selbst anwendet (Schmidt von Werneuchen usw.).

»Die neuesten Musenalmanache«. In: Berlinisches Archiv der Zeit und ihres
Geschmacks, Jg. 1796, Bd. 1, S. 215–241. – KS I, S. 75–98.

Die literarische Öffentlichkeit wurde auf Tieck erst durch zwei von
Carl August Nicolai verlegte Werke aufmerksam, die den Anfang
der *literarischen* Romantik in Deutschland – im Gegensatz zur
theoretisch-philosophischen – bezeichnen: »Volksmährchen herausgegeben von Peter Leberecht« (1797) und »William Lovell«
(1795–6). Schon die Vielfalt der Themen und Stilrichtungen in
diesen Werken macht alle Versuche, das ›Romantische‹ an ihnen zu
definieren, recht schwierig. Sie enthalten düsteren Pessimismus und
Schicksalsverfallenheit (»Lovell«) neben ausgelassener poetischer
Laune (Märchenkomödien) und den Ton des Wundersam-Schlichten (Volksbuch-Nachdichtungen). Formal wie inhaltlich liegt in
ihnen der Keim zu aller späteren romantischen Poesie, obwohl sie
in dieser frühen Stufe gelegentlich noch allzu deutliche Spuren des

Unreifen und des Übergangs, wie ihrer literarischen Herkunft aus einer sensualistisch radikalisierten Aufklärung aufweisen.

Emil Staiger: Ludwig Tieck und der Ursprung der deutschen Romantik. In: Die neue Rundschau 71, 1960, H. 4, S. 596–622. – Auch in: Ders. Stilwandel, Zürich 1963, S. 175–204; und *Segebrecht*, S. 322–351.

Bereits zu Beginn der Berliner Zeit vollendete Tieck das Schicksalsdrama »Karl von Berneck«, ein Drama um »Menschen, die dazu ausgelesen sind, nur die schwarzen Tage, die das Schicksal in die Welt fallen läßt, zu erleben« (»Schriften«, Bd. 11, S. 15), das letzten Endes eine Identität von Fatum und göttlichem Willen erstehen läßt. Mit dem »William Lovell«, der noch während des Studiensemesters in Halle entworfen und nun, 1795–6, abgeschlossen wurde, schuf Tieck im Alter von 23 Jahren ein Werk von europäischem Rang. »William Lovell« ist ein Schlüsseltext für das Phänomen des Nihilismus; hierin mag sich auch das Interesse Kierkegaards und C. G. Jungs an diesem Text begründen (vgl. Walter Rehm: Gontscharow und Jacobsen oder Langeweile und Schwermut, Göttingen 1963, Kl. Vandenhoeck-Reihe 154–6; ders: Roquairol. Eine Studie zur Geschichte des Bösen. In: Begegnungen und Probleme. Studien zur deutschen Literaturgeschichte, Bern 1957, S. 155–242). Die ältere Tieckforschung hat dieses Buch immer mit Zurückhaltung behandelt, wo nicht direkt abgelehnt; für Haym, einen Zeitgenossen Gottfried Kellers, gab es in diesem Roman »kein Blatt [. . .], das nicht von dem Gift der schändlichsten Lüsternheit befleckt wäre« (S. 42); zu der Annahme, der Roman spiegle Tiecks eigene Verworfenheit, gelangte Josef Körner, (Maria Alberti, eine verschollene Malerin der romantischen Epoche. In: Preußische Jahrbücher 233, Juli–Sept. 1933, S. 78–83); selbst Staigers Äußerungen zu diesem Roman fallen eher distanziert aus.

Die Entwicklung von Tiecks bisherigem Leben und Werk reicht nicht aus, um die Eigenart und Wirkung dieses Romans adäquat erklären zu können. Im Grunde ist der »Lovell« eine Bloßstellung der Kulturübersättigung und -müdigkeit der Zeitgenossen: voll Enthusiasmus, Subjektivismus, Selbstbeobachtung, Sprache des Herzens, »Hang zum Sonderbaren«, aber auch voller Resignation und verzweifelter Ziellosigkeit. Lovell ist ein Held, den weder Genuß noch Enthusiasmus noch Libertinage befriedigen können, der vielmehr in einem Schwebezustand von Schwermut, Angst und Langeweile die eigene Identität verliert, für den das Leben schließlich nicht mehr ist als Traum und Illusion, Chaos und Nichts. Daß am Beginn der romantischen Bewegung, im ersten genuin romantischen Roman, ein derart düsterer Pessimismus, wo nicht ›Nihilismus« vorherrscht, ist für einige Kritiker Anlaß, diesen Roman als letztes unreifes Jugendwerk Tiecks zu bewerten und ihn nicht der eigentlich romantischen Periode zuzuordnen. In diesem Sinne äußert sich Paul Böckmann: »Allerdings enthüllt dieses Buch nur erst die Gefühlsproblematik, während die eigentlich romantische Stimmungswelt noch nicht selbständig hervortritt; dadurch wirkt es heute grau und farblos und kann nur noch durch seine Fragestellungen interessieren, während seine darstellerische Breite immer wieder ermüdet«. (Die romantische Poesie Brentanos und ihre Grundlagen bei Friedrich Schlegel und Tieck. Ein Beitrag zur Entwicklung der Formensprache der deutschen Romantik. In: JFDH 1934–35, S. 56–176, hier S. 87.) An dieser Stelle scheint eine andere, positivere Bewertung des Romans angemessen. Zunächst sei noch einmal in Erinnerung gebracht, daß die romantische Stimmungswelt aus der Atmosphäre der Empfindsamkeit wie auch der seelenvollen Weltschmerzliteratur der Jahre 1775–1790 unmittelbar hervorgeht und daß die eigentlich literarische Romantik, deren Vielfältigkeit nicht oft genug betont werden kann, im Werk Tiecks zuerst mit ihrer abgründigen Seite zur Sprache kommt, bevor Tieck zu einer heitereren Haltung findet. Der Struktur nach scheint der »Lovell« des Fragmentarischen und Experimentierens mit Gattungen und Stilen noch zu entbehren – Merkmale, die für gewöhnlich mit dem romantischen Roman assoziiert werden – und weit eher die publikumsorientierten Erzähltechniken des 18. Jh.s wiederzugeben. Mit Raffinement verbindet Tieck die Traditionslinien von »Werther« und »Ardighello« auf einer Ebene von Zynismus und glatter Eleganz, die das Werk in die Nähe des Verführungsromans des französischen Spätrokoko, etwa Restifs, Laclos' oder de Sades, rückt (vgl. Hellmuth Petriconi: Die verführte Unschuld. Bemerkungen über ein literarisches Thema, Hamburg 1953, Hamburger Romanistische Studien. A. Allgemeine Romanistische Reihe, 38). Weitere literarische Muster, wie die sich selbst bespiegelnde Innerlichkeit und die extreme Situationsgestaltung schließen an die Tradition des Briefromans bzw. des Schauerromans an. »William Lovell« ist im Verlauf der Rezeptionsgeschichte in Vergessenheit geraten, vielleicht deswegen, weil seine Struktur *vorrealistisch* ist, und sein Gehalt den traditionellen Vorstellungen des Bildungs- und Entwicklungsromans nicht gerecht wird. Abgesehen von der meisterlichen Beherrschung der Schilderung psychologischer Grenzzustände, die bei aller Unterschiedlichkeit der Thematik den Vergleich mit Jean Pauls Experimentalnihilismus bestehen kann, kommt diesem Werk literarhistorische Bedeutung zu. In den paradigmatischen (und zugleich dem

Schauerroman am stärksten verpflichteten) Romanen der Romantik (Eichendorff, Hoffmann) erkennt man am ehesten den Einfluß des »Lovell« wieder; eine vergleichbare Nachwirkung haben, wenn auch mit anderen thematischen Schwerpunkten und weniger kontinuierlich, die Romane Jean Pauls oder die französischen Romantik (Benjamin Constants »Adolphe« und »Cécile«, Sénancours »Obermann«). Im deutschen Roman sind ohne die Vorläuferschaft des Helden Lovell Gestalten wie Jean Pauls Roquairol, der Bonaventura der »Nachtwachen«, Brentanos Godwi, Arnims Marchese (»Gräfin Dolores«) oder Eichendorffs Graf Rudolf kaum denkbar; darüberhinaus stellt dieser Roman Tiecks die Verbindung zwischen der Tragik »Werthers« und der Weltsicht Büchners dar.

Tieck hat sich in späteren Jahren von der radikalen und ihm nun wohl unangemessenen Tendenz seines Jugendromans distanziert und das Werk einschneidend 1813–14 und ein zweites Mal 1828 überarbeitet. Jede Beschäftigung mit dem jungen Tieck sollte sich daher auf die jetzt wieder zugängliche Erstfassung stützen.

»Volksmährchen herausgegeben von Peter Leberecht« Berlin: Carl August Nicolai 1797, 3 Bde. (Neudruck dringend erforderlich).

»Karl von Berneck«. Trauerspiel in fünf Aufzügen (1793–95). In: *Volksmährchen*, Bd. 3, S. 1–226. – *Schriften*, Bd. 11, S. 1–144.

»William Lovell« (1793–96). Berlin und Leipzig: Carl August Nicolai 1795–96, 3 Bde. (Die einzelnen Bücher, nicht aber der Roman selbst, tragen den Titel »Geschichte des Herrn William Lovell«) (Neudruck rub 8328, hg. v. Walter Münz, 1986). – Neue verbesserte Auflage. Berlin: Realschulbuchhandlung 1813–14, 2 Bde. – Wieder bearbeitet in: *Schriften*, Bd. 6–7.

Marianne Thalmann: Der Trivialroman des 18. Jahrhunderts und der romantische Roman. Ein Beitrag zur Entwicklungsgeschichte der Geheimbundmystik, Berlin 1923, Germanische Studien 24.

dies.: Die Romantik des Trivialen.

Ferdinand Josef Schneider: Tiecks »William Lovell« und Jean Pauls »Titan«. In: ZfdPh 61, 1936, S. 58–75.

H.-G. Falkenberg: Strukturen des Nihilismus.

Dieter Arendt: Der ›poetische Nihilismus‹ in der Romantik. Studien zum Verhältnis von Dichtung und Wirklichkeit in der Frühromantik, Tübingen 1972, Studien zur deutschen Literatur 29, Bd. 2, S. 330–384.

François Jost: Tiegel Tieck: »William Lovell« et »Le paysan perverti«. In: EG 28, 1973, S. 29–48.

Karlheinz Weigand: Tiecks »William Lovell«: Studie zur frühromantischen Antithese, Heidelberg 1975, Beiträge zur neueren Literaturgeschichte 3. Folge, 23.

Walter Münz: Individuum und Symbol in Tiecks »William Lovell«.

Materialien zum frühromantischen Subjektivismus, Bern und Frankfurt/
Main 1975. Regensburger Beiträge zur deutschen Sprach- und Literatur-
wissenschaft, Reihe B, 2.
Lothar Pikulik: Romantik als Ungenügen an der Normalität. Am Beispiel
Tiecks, Hoffmanns, Eichendorffs. Frankfurt 1979.
Franz Loquai: Lovells Leiden und die Poesie der Melancholie. Zu Ludwig
Tiecks Gedicht *Melancholie*. In: Gedichte und Interpretationen Bd. 3:
Klassik und Romantik. Hg. v. *Wulf Segebrecht*. Stuttgart 1984. rub
7892–5.

Nach der herausragenden Leistung, die Tieck mit dem »William
Lovell« gelungen war, schienen ihm nun verschiedene Wege
offenzustehen, seine literarische Produktion fortzusetzen: weiter-
hin in der Manier des »Lovell« zu schreiben, sie ins Absurde und
Parodistische umkippen zu lassen oder das Kunsterlebnis der
Studentenzeit zu poetisieren. Das Charakteristische seiner Werke
in der folgenden Zeit ist die Abwechslung oder Mischung dieser
drei Ausprägungen.

Noch während Tieck Mitarbeiter an der »Straußfedern«-Reihe
war, wandte er sich Stoffen des Volksmärchens, der Sage oder der
Legende zu. Solche Stoffe hatten bereits Autoren des Sturm und
Drang, bzw. der zeitgenössischen Trivialliteratur mit ihrer Vorliebe für Ritterdramen und Ritter- und Räuberromane benutzt,
und Tieck selbst hatte sich ihrer in der Erzählung »Die Sühne«
bedient und in dem »Straußfedern«-Beitrag »Der Fremde« sogar
parodiert. Aber in der Zeit, in der er die trivialen Kurzerzählungen
für Nicolai verfaßte, gelang Tieck in »Der blonde Eckbert« eine
Erzählform, die für die romantische Prosa eine entscheidende
Wende bedeutete: der Novelle. Zugleich hat er mit dieser Erzählung in engem Anschluß an die Stimmungsmalerei seiner eigenen
Schauernovellen auch eine Gattung geschaffen, die schon vor der
Übernahme romanischer Erzählmodelle um die Jahrhundert-
wende, als »Kanon der Poesie« (Novalis) gefeiert wurde: das
Märchen. Ob »Der blonde Eckbert« die Geburtsstunde des
Romantikers Tieck markiert (so etwa Staiger), sei dahingestellt. In
gewisser Hinsicht ist die Tendenz dieser Erzählung eher noch
radikaler als die des »William Lovell«. Im »Lovell« wie im »Karl
von Berneck« hatte noch das Modell der ›gothic novel‹ einer
rationalen Erklärbarkeit geheimnisvoller Geschehnisse Gültigkeit
(»explained supernatural«). Im »Blonden Eckbert« dagegen gelingt
es nicht mehr, mittels Rationalität die Berührung des für den
Menschen schicksalsbestimmenden Wunderbaren mit der Welt der
Gegenwart zu erklären. Dadurch sieht sich der Mensch einem
seelischen Chaos und übernatürlichem Grauen ausgeliefert. Die

Verwandlung einer märchenhaft-traumhaften »Waldeinsamkeit« aus der Vergangenheit in ein Schuldbewußtsein, das den Menschen in sexuelle und existentielle Urängste stürzen läßt, kann verstandesmäßig nicht mehr nachvollzogen werden. Am »Blonden Eckbert« zeigt sich, daß Tiecks Stimmungskunst fast immer hintergründig und bedrohlich bleibt (»Sternbald«, »Genoveva«). Wie keine andere deutsche Märchennovelle – höchstens noch Gotthelfs »Schwarze Spinne« wäre zu nennen – ist »Der blonde Eckbert« zum Gegenstand gattungsgeschichtlicher und -theoretischer sowie psychologischer Interpretationsversuche geworden, wobei weniger seine Stellung innerhalb Tiecks Frühwerk als das Interesse an der inneren Motivierung der Handlung im Vordergrund stand.

»Die Sühne«. Eine Scene aus dem Mittelalter (1795). In: Berlinisches Archiv der Zeit und ihres Geschmacks, Jg. 1795, Bd. 1. – In: *Schriften*, Bd. 14, S. 109–124 als *Die Versöhnung*.
»Der blonde Eckbert«. In: *Volksmährchen*, Bd. 1, S. 191–242. – *Phantasus*, Bd. 1, S. 165–193. – *Schriften*, Bd. 4, S. 144–169.

Zu Motiven und Struktur der Märchennovellistik der 1790er Jahre:
Klaus Müller-Dyes: Der Schauerroman und Ludwig Tieck. Über die dichterische Fiktion im »Blonden Eckbert« und »Runenberg«. Ein Beitrag zur Wechselbeziehung von Trivialliteratur und Dichtung, Diss. Masch. Göttingen 1965.
Gonthier-Louis Fink: Tiecks dualistische Märchenwelt. Thèse complémentaire Masch. Paris 1967.
Rosemarie Hellge: Motive und Motivstrukturen bei Ludwig Tieck, Göppingen 1974, Göppinger Arbeiten zur Germanistik 123.
Eine ausführliche, aber auch zu ergänzende Liste der anwachsenden Interpretationen von »Der blonde Eckbert« bei *Segebrecht*, S. XVIII, ferner bei *Ribbat*.
Alan Corkhill: The Motif of ›Fate‹ in the Works of Ludwig Tieck, Stuttgart 1978, Stuttgarter Arbeiten zur Germanistik 38.
Hans Schumacher: Narziß an der Quelle. Das romantische Kunstmärchen: Geschichte und Interpretationen. Wiesbaden 1977.

Nicht das ›Unheimliche‹ sondern der Ton des Wundersam-Schlichten kennzeichnet die Stimmung der Volksbuch-Nachdichtungen, »Die Geschichte von den Heymons Kindern« und »Wundersame Liebesgeschichte der schönen Magelone«. Besonders in der »Schönen Magelone« findet man jene Vermischung von naivem Volkston und Naturzauber, die für die archaisierende Tendenz romantischer Dichtung charakteristisch ist (und die Heine im Tieck-Kapitel der »Romantischen Schule« mit Treffsicherheit parodiert hat). Über das Volksbuch erschloß sich Tieck der Zugang zur Dichtung des Spätmittelalters und damit zu einer Welt von Frömmigkeit, Abenteuer und Romanze.

Mit den »Heymons Kindern« und der »Magelone« begann auch seine Beschäftigung mit mittelalterlichen Stoffen (s. u.), die – im Gegensatz zum ritterlichen Kolorit der Märchennovellen – in die großen romantischen Lesedramen, die wissenschaftlichen Studien und die Editionen mündet.

»Die Geschichte von den Heymons Kindern, in zwanzig altfränkischen Bildern«. In: *Volksmährchen*, Bd. 1, S. 243–366. – *Schriften*, Bd. 13, S. 1–66.

»Wundersame Liebesgeschichte der schönen Magelone und des Grafen Peter aus der Provence«. In: *Volksmährchen*, Bd. 2, S. 145–264. – *Phantasus*, Bd. 1, S. 324–392. – *Schriften*, Bd. 4, S. 292–358. – Moderne Edition, hg. v. *Edward Mornin*, Stuttgart 1975, rub 731.

Helmut Scheuer: ›Die schöne Magelone‹. Ein Vergleich mit dem Volksbuch. In: Mittelalter-Rezeption II. Göppingen 1982, Göppinger Arbeiten zur Germanistik 358, S. 473–491.

War im »Blonden Eckbert« aus der Schürzung des Erzählknotens eine gedrängte Kurzform hervorgegangen, so stellte die Geschichte vom »Peter Lebrecht« die Lösung von allen bisher verwendeten Prosaformen dar, den bewußten Verzicht auf jede erzählerische Organisation. An deren Stelle tritt eine freie spielerische Parodierung gängiger, auch von Tieck selbst benutzter, Erzählhaltungen und -stoffe: des Modischen wie des Empfindsamen, des Erbaulichen wie des Überzeichneten. Vom Vorbild Lawrence Sterne entlehnt ist das Spiel mit dem Leser, die Aufhebung der Distanz zwischen Autor und Publikum (ähnlich auch in der dramatischen Szene »Ein Prolog«). Tiecks »Schildbürger«-Chronik, die gleichfalls in dieser Zeit entstand, ist eine allgemeine Chronik menschlicher Narrheit und direkt gegen aufklärerische Vernünftelei gerichtet. In den Märchenkomödien »Der gestiefelte Kater«, »Prinz Zerbino« und »Die verkehrte Welt« hat Tieck die Vermischung von Phantasie und Realität sowie der dramatischen Formen zu einem künstlerischen Prinzip erhoben. Trotz der unterschiedlichen Akzentuierung dieser drei Komödien sind sie als zusammengehörige Gruppe anzusehen. Anlaß für den »Gestiefelten Kater« ist wie bei »Peter Lebrecht« die Auseinandersetzung mit den leeren literarischen Konventionen der Zeitgenossen (speziell beim »Kater« das von Iffland und Kotzebue repräsentierte und von Böttiger enthusiastisch gepriesene Theater). Aus der literarischen Satire wird Parodie und aus der Parodie geht verselbständigt die Freude am »Spiel mit dem Spiel« hervor, – hatte doch Tieck schon in der »Schildbürger«-Chronik das Theater als ein »Spiel mit der Phantasie« bezeichnet. Das phantastische Spiel ist Impuls und Movens der dramatischen Handlung und wird wider alle Erwartungen (zumindest von Seiten des Bühnenpublikums) zum konstitutiven Gestaltungsprinzip (Strohschneider-Kohrs, S. 286 ff.). Das Spiel erlaubt eine Konfrontation des Theaters mit dem Theater, die Aufhebung der Illusion, die Verkehrung menschlicher Verhältnisse, also auch von Standeszugehörigkeiten, die Verarbeitung verschiedenartigster dramatischer Formen und Stoffe, ein Eigenleben von Poesie und Scherz und bewirkt eine Loslösung von überkommenen Fixierungen. Diese Art der Gestaltung läßt auf ein dichterisches Selbstbewußtsein Tiecks schließen, dem Kreativität und Chaos gleichbedeutende Bereiche der Kunst sind. Wie es Tiecks lebenslanger Vorliebe für das Marionetten- und Volkstheater, die Commedia dell'arte entsprach, dem Vorzug, den er dem »Albernen« vor dem kalten Witz gab, hat er in seinen Äußerungen zu diesen Komödien immer »Scherz, Laune und Witz« betont (s. Schweikert, Bd. 1, S. 121–148, 165–171). Eine gewisse Affinität scheint zwischen Tiecks Vorstellung vom Spiel und Friedrich Schlegels Ironiebegriff, zumindest dem zeitgenössischen Verständnis von Ironie, zu bestehen (Strohschneider-Kohrs, S. 333–6). Jedoch ist lediglich im Falle der »Verkehrten Welt« ein solcher Zusammenhang – wenn überhaupt – über die Chronologie verifizierbar. Eine weitere Beziehung zwischen Tiecks Märchenkomödien und der Theorie Friedrich Schlegels stellt sich über den Komödienbegriff her, der sich in der Hervorhebung von »Handlung [. . .] ohne allen Zweck und alle Absicht, [. . .] Regellosigkeit, Formlosigkeit, Wildheit und absoluter Willkürlichkeit« (Kritische Friedrich Schlegel Ausgabe, Bd. 11, hg. v. Ernst Behler, München–Paderborn–Wien–Zürich 1958, S. 89) eng an Aristophanes anlehnt. In einer Rezension des »Gestiefelten Katers« in der ›Allgemeinen Jenaer Litteratur-Zeitung‹ von 1797 stellt August Wilhelm Schlegel Tieck zum ersten Mal in eine Traditionslinie, die auf Aristophanes zurückgeht (SW, Bd, 11, S. 136–146). Es muß dahingestellt bleiben, ob die Feststellung einer Geistesverwandtschaft zwischen Tieck und Aristophanes durch die Brüder Schlegel richtig ist; Tieck hat dem keinerlei Nachdruck verliehen. Offenkundiger sind die Einflüsse auf Tieck, die von Ben Jonson, Beaumont und Fletcher, Ch. Weise, Holberg sowie besonders von Gozzi (begründet in der Wiederaufnahme alter Jugendpläne und der allgemeinen »Gozzi-Begeisterung« der 90er Jahre) und der Posse des Sturm und Drang ausgingen. Die Komödien sind sicherlich nicht entstanden in der zeitlichen Abfolge von Schlegelscher Theorie und Tieckscher literarischer Produktion, sondern als unabhängige und eigenständige ästhetische Leistung des Autors mit unterschiedlicher thematischer Ausrichtung. Im »Gestiefelten Kater« und im »Zerbino« verspottet die »muthwillige« (A. W. Schlegel) Satire den literarischen Utilitarismus; in der »Verkehrten Welt« wird das Spiel der theatralischen Umkehrung von Ordnungen, des Auf-den-Kopf-Stellens, mit kabarettistisch-politischen Anspielungen versetzt (vgl. Pestalozzi, S. 116 f.). Der radikalste Bruch mit der Bühnenillusion liegt wohl in dem filmartigen »Zurückschrauben« der Handlung im »Prinzen Zerbino« vor. Neben dieser Vorwegnahme des Surrealismus finden sich im »Zerbino« und in der »Verkehrten Welt« Rudimente älterer Formen, des Singspiels und der Idylle, die ebenso wie die schon genannten Vorbilder in Tiecks neue dramatische Form integriert werden.

Die literarisch-revolutionierende Wirkung dieser Stücke war enorm. Durch Tiecks Annäherung an den Kreis um die Brüder Schlegel mußten Satire und Parodie, wie diese Komödien sie verwirklichen, zugleich als exemplarische Realisierung romantischer Theorie und als Herausforderung an die literarische Gegenpartei wirken. Neben dem konventionellen Lustspiel, das von der Frühromantik abgelehnt wurde, entstand so eine neue dramatische Gattung, die als eine genuin romantische anzusehen ist: die literarische Komödie (mit den gleichbezeichneten Dramen in der Nachfolge Diderots selbstverständlich nicht zu verwechseln). Sowohl A. W. Schlegel als auch Fr. Schlegel führen Tieck in ihren Literatur-Vorlesungen als den Hauptvertreter einer modernen Wiedergeburt aristophanischen Geistes an. In den Ausführungen über das Wesen des Komischen bestätigen Adam Müller, mit dem Hinweis auf den »Dialog zwischen Bühne und Parterre« (»Ueber die dramatische Kunst«, in: »Vermischte Schriften über Staat, Philosophie und Kunst«, Wien ²1817, 2. Theil, S. 184) und Solger, mit der Hervorhebung der Parodie (»Von der dramatischen Poesie«, in: »Vorlesungen über Aesthetik, hg. v. K. W. L. Heyse, Leipzig 1829, S. 313), später diese Sicht.

Unmittelbaren Einfluß übten diese Stücke auf die jüngeren Romantiker aus, auf die Lustspiele Brentanos, Arnims und Eichendorffs, später auf Grabbe und Mörike; in neuerer Zeit reicht ihre Nachwirkung bis hin zu Pirandello und Tankred Dorst.

Es sei dahingestellt, ob das »Zeitlos-Gültige dieser Spiele [. . .] in der Fachkritik mit unverkennbarer Absicht heruntergespielt worden« ist (Marianne Thalmann, Provokation und Demonstration, S. 9; gemeint ist wohl die Ablehnung des Literarischen in diesen Komödien durch Haym, dem Vertreter eines von konventionellen Lustspielen beherrschten Jahrhunderts, die sich in dem Vorwurf kundtut: »Litteratur und wieder Litteratur!« S. 101). Fest steht, daß diesen Komödien Tiecks durch ihre mehr oder minder beabsichtigte Absage an das Theater – obwohl der »Gestiefelte Kater« ursprünglich für die Bühne konzipiert war – keine unmittelbare Wirkung in der Öffentlichkeit zuteil wurde und sie trotz gelegentlicher Wiederbelebungsversuche (so in jüngster Zeit des »Gestiefelten Katers« durch Tankred Dorst) Lesestücke geblieben sind. So kommt diesen romantischen Komödien die zweifelhafte Ehre zu, Lustspiele für Germanisten geblieben zu sein.

»Peter Lebrecht. Eine Geschichte ohne Abentheuerlichkeiten«. Berlin und Leipzig: Carl August Nicolai 1795–6. – *Schriften*, Bd. 14, S. 161–252, Bd. 15, S. 1–86.

»Ein Prolog«. In: *Volksmährchen*, Bd. 2, S. 265–309. – *Schriften*, Bd. 13, S. 239–266.

»Denkwürdige Geschichtschronik der Schildbürger in zwanzig lesenswürdigen Kapiteln«. In: *Volksmährchen*, Bd. 3, S. 227–382. – *Schriften*, Bd. 9, S. 1–82.

Werner Wunderlich: Ludwig Tiecks Schildbürgerchronik – Der doppelte Spiegel. In: Mittelalter-Rezeption II, S. 493–514.

»Der gestiefelte Kater. Kindermährchen in drei Akten, mit Zwischenspielen, einem Prologe und Epiloge von Peter Leberecht. Aus dem Italienischen. Erste unverbesserte Auflage. Bergamo 1797. In Commission bei Onario Senzacolpa«. [= Berlin: Carl August Nicolai 1797]. – *Volksmährchen*, Bd. 2, S. 1–144. – *Phantasus*, Bd. 2, S. 145–249. – *Schriften*, Bd. 5, S. 161–280.

Zur modernen Theaterwirkung: *Heinz Beckmann*: Ludwig Tiecks verspätetes Debut. In: Rheinischer Merkur 14, 1959, Nr. 17, S. 8.

»Prinz Zerbino oder die Reise nach dem guten Geschmack gewissermaßen eine Fortsetzung des gestiefelten Katers«. Ein Spiel in sechs Aufzügen (1796–8). Leipzig und Jena: Frommann 1799. – *Romantische Dichtungen*, Bd. 1, S. 1–422. – *Schriften*, Bd. 10.

»Die verkehrte Welt«. Ein historisches Schauspiel in fünf Aufzügen (1798). In: *Bambocciaden*, [hg. v. A. F. Bernhardi] 2. Theil. Berlin: Maurer 1799, S. 103–276. – *Phantasus*, Bd. 2, S. 252–384. – *Schriften*, Bd. 5, S. 283–433.

Alle drei Stücke wurden für die *Schriften* überarbeitet. Ein Handexemplar der *Bambocciaden* mit Tiecks Änderungen befindet sich in der British Library.

Eine musterhafte Edition der *Verkehrten Welt*, die den Anspruch einer historisch-kritischen Ausgabe befriedigt (und daher in der Tieck-Philologie nahezu ein Unikum) ist die von *Karl Pestalozzi*, Berlin 1964, Komedia 7. Auf die dort angeführte Literatur über Tiecks Komödien (S. 141–143) sei verwiesen. Hervorzuheben sind:

Raymond M. Immerwahr: The Esthetic Intent of Tieck's Fantasic Comedy, St. Louis 1953, Washington University Studies. New Series. Language and Literature 22.

Ingrid Strohschneider-Kohrs: Die romantische Ironie in Theorie und Gestaltung, Tübingen 1960, Hermaea NF 6, ²1977.
Außerdem:
Hedwig Hoffmann Rusack: Gozzi in Germany. A Survey of the Rise and Decline of the Gozzi Vogue in Germany and Austria with Especial Reference to the German Romanticists, New York 1930, Columbia University Germanic Studies.
Seitdem:
Adriana Marelli: Ludwig Tiecks frühe Märchenspiele und die Gozzische Manier. Eine vergleichende Studie, Diss. Köln 1968.
Helmut Arntzen: Die ernste Komödie. Das deutsche Lustspiel von Lessing bis Kleist, München 1968, Sammlung Dialog, S. 125–155.
Marianne Thalmann: Provokation und Demonstration.
Manfred Frank: Das Problem »Zeit« in der deutschen Romantik.

Weniger phantastisch, schlichter und bühnengerechter ist Tiecks Dramenbearbeitung des »Ritter Blaubart« (vgl. Immermanns Inszenierung 1835 in Düsseldorf und die Aufführung 1846 in Berlin), während die Erzählung »Die sieben Weiber des Blaubart« den Stil des »Peter Lebrecht« wiederaufgreift. Hier erinnert das souveräne Spiel des Dichters mit dem Leser gelegentlich an die Erzähltechnik der Rokoko-›Conte‹. Wenn, wie Tieck später behauptete, der erste Plan zum Dresdner Roman »Der junge Tischlermeister« tatsächlich auf diese Zeit zurückgeht, kann man sagen, daß Tieck nicht nur ästhetisch-phantastisches Spiel trieb, sondern daß die scherzhafte Laune im Sinne des traditionellen Lustspiels oder unter dem Einfluß von Goethes »Wilhelm Meister« durchaus sozialkritisch gemeint war. Trotz Nicolais Vorliebe für Parodie und Satire gingen ihm die auch gegen ihn gerichteten Provokationen mit dem »Gestiefelten Kater« und den »Sieben Weibern des Blaubart« allmählich zu weit; er entließ Tieck 1797 aus seiner Verpflichtung als Mitarbeiter an der »Straußfedern«-Reihe, da dessen Produktion der Tendenz dieser Buchreihe nicht mehr entsprach. Sie schieden im Einverständnis. C. A. Nicolai brachte 1799 eine unrechtmäßige Ausgabe von Tiecks »Sämmtlichen Werken« heraus, die zu einem Prozeß führte, der zu Tiecks Gunsten entschieden wurde.

»Ritter Blaubart«. Ein Ammenmährchen von Peter Leberecht.« Berlin und Leipzig: Carl August Nicolai 1797. – *Volksmährchen*, Bd. 1, S. 1–190. – *Phantasus*, Bd. 2, S. 9–135. – *Schriften*, Bd. 5, S. 7–152. – Moderne Edition in: Dramen der Frühromantik, hg. v. *Paul Kluckhohn, DLE Reihe Romantik Bd. 8, Leipzig 1936, Nachdruck Darmstadt 1970*, S. 17–85 *(in Ph.* und *Schr.* unter dem Titel: »Der Blaubart. Ein Mährchen in fünf Akten«).
»Die sieben Weiber des Blaubart«. Eine wahre Familiengeschichte herausgegeben von Gottlieb Färber. Istambul, bey Heraklius Murusi, Hof-

buchhändler der hohen Pforte; im Jahr der Hedschrah 1212« [eigentl. Berlin: Carl August Nicolai 1797]. – *Schriften*, Bd. 9, S. 83–242. Ludwig Tieck's sämmtliche Werke. Berlin und Leipzig: Carl August Nicolai 1799 (Diese Ausgabe enthält alle bei C. A. Nicolai erschienenen Werke Tiecks in Originalform [Frontispiz, Titelblatt] nur mit Beifügung einer neuen zusätzlichen Titelseite). Bd. 1–3: »William Lovell«. Bd. 4: »Peter Lebrecht«. Bd. 5: »Abdallah«. Bd. 6–8: »Volksmährchen«. Bd. 9¹: »Der Sturm«. Bd. 12: »Die sieben Weiber des Blaubart«. Bd. 9²–11 enthalten die Wackenroder bzw. Wessely zugeschriebenen Übersetzungen »Das Kloster Netley«, »Der Demokrat« und »Das Schloß Montford«, die aber hier unter Tiecks Namen erscheinen (vgl. dazu jetzt: *Richard Littlejohns*, Ludwig Tieck und drei ›englische Moderomane‹. Geschichte und Klärung einiger Mißverständnisse. In: Archiv für das Studium der neueren Sprachen und Literaturen 217, 1980, S. 32–38).

Nach der Trennung von Nicolai fand Tieck in seinem ehemaligen Lehrer und Vertrauten Bernhardi einen Freund, der ihm Unterstützung bot. Bernhardi, selbst literarisch produktiv tätig, veröffentlichte in seinen ›Bambocciaden‹ »Die verkehrte Welt« und in seinen anonym erschienenen ›Nesseln‹ den »Almansur«. Er trat als Publizist für Tieck ein und vermittelte ihm den Kontakt zum Herausgeber des ›Archivs der Zeit‹, einer Zeitschrift, die sich kritisch und scharf gegen die spätaufklärerische Trivialliteratur richtete.

Obwohl Bernhardi mit der Autorschaft von Werken, die Tieck ihm zur Veröffentlichung übergeben hatte, etwas zu großzügig umging, indem er die Werke für sich reklamierte, kann doch eine weitaus engere Zusammenarbeit zwischen Tieck und Bernhardi angenommen werden, als Köpke es berichtet (I, 227 f.). Das Bewußtsein von kollektiver Literaturproduktion war bei den Autoren der Berliner Frühromantik stark ausgeprägt – man denke nicht nur an Tiecks, Sophie Tiecks, Wackenroders und Wesselys Beteiligung an Nicolais Publikationen, sondern auch an die mit Wackenroder gemeinsam geplanten und zum Teil ausgeführten Werke, sowie an die Arbeitsgemeinschaft Tiecks mit dem Schlegelkreis (Plan einer Shakespeare- und Cervantes-Ausgabe mit August Wilhelm Schlegel). Nach der 1799 vollzogenen Eheschließung zwischen Bernhardi und Sophie Tieck gehörte Bernhardi zum engsten Familienkreis. Alle Äußerungen der Tieck-Geschwister und -Freunde aus der Zeit nach 1803 sind von den Parteibildungen, die den Scheidungsprozeß Bernhardi–Tieck (s. u.) begleiteten, beeinflußt.

Eugen Klin: August Ferdinand Bernhardi als Kritiker und Literaturtheoretiker, Bonn 1966, Bonner Arbeiten zur deutschen Literatur 14.

Von weitaus größerer und für die Literaturgeschichte folgenreicher Bedeutung war die Freundschaft Tiecks mit August Wilhelm und Friedrich Schlegel. Tieck hatte Friedrich wohl im Spätsommer oder Herbst 1797 kennengelernt; der ersten persönlichen Begegnung mit August Wilhelm, im Sommer 1798, ging ein reger Briefwechsel voraus, den der Bruder Friedrich angeregt hatte. Friedrichs Aussagen über Tieck als Menschen und Dichter vom Beginn ihrer Bekanntschaft zeugen von Begeisterungsfähigkeit und Interesse; seine Beurteilung fiel aber keineswegs ausschließlich positiv aus. Er warf Tieck Labilität und Schwärmerei vor, und auch über Tiecks literarische Stellung äußerte er sich zurückhaltend. Zu einer völligen Übereinstimmung zwischen Tieck und Fr. Schlegel konnte es auch schwerlich kommen, da Tieck auf eine Beteiligung an der gattungstheoretischen Diskussion keinen allzu großen Wert zu legen schien; außerdem hatte Fr. Schlegel zu dieser Zeit in seinen Aufsätzen und Kritiken, die er in Reichardts Zeitschriften ›Deutschland‹ und ›Lyceum‹ veröffentlichen ließ, Positionen bezogen, denen Tieck nicht folgen konnte. Im persönlichen Umgang gab sich Friedrich gerne etwas gönnerhaft und herablassend, wie es seinem Selbstbewußtsein als Wortführer der literarischen Avantgarde entsprach. Nach diesen anfänglichen Unstimmigkeiten entwickelte sich dennoch eine echte Freundschaft, die erst nach 1803 wegen tiefgreifender Meinungsverschiedenheiten an Intensität verlor. Seine tiefe Bewunderung und Zuneigung, die er für Tieck empfand, hat Friedrich kaum jemals rückhaltlos ausgesprochen. Beide waren noch in späteren Jahren von der außerordentlichen Bedeutung überzeugt, die ihre Freundschaft hinsichtlich der Entwicklung der literarischen Romantik gehabt hatte und sie beriefen sich trotz grundsätzlicher Divergenzen immer wieder auf die Zeit ihrer engen Verbindung.

August Wilhelm verhielt sich zunächst weniger spontan und distanzierter als sein Bruder; er sah in Tieck das Mitglied eines literarischen Kreises, dessen Führung er für sich in Anspruch genommen hatte. Bereits 1797 hatte August Wilhelm durch Rezensionen in der ›Jenaer Allgemeinen Litteratur-Zeitung‹ auf das Innovative von Tiecks »Sturm«-Übersetzung hingewiesen, auf die Veröffentlichung der »Herzensergießungen«, des »Gestiefelten Kater« und der »Verkehrten Welt« (›Bambocciaden‹) aufmerksam gemacht, worin er aber durch eine souverän kennerhafte Diktion, die von seinem literarisch-philologischen Wissen aus sicher berechtigt war, das insgesamt positive Urteil abschwächte. Erst in späteren Jahren, dann aber mit ungeteilter Anerkennung, konnte August Wilhelm Schlegel in Tieck den ersten romantischen Dichter sehen, frei von Führungsansprüchen und Konkurrenzneid, der die Annäherung Tiecks an die Brüder Schlegel anfangs mit Spannungen erfüllt hatte.

Ludwig Tieck und die Brüder Schlegel. Briefe mit Einleitung und Anmerkungen hg. von *Henry Lüdeke*, Frankfurt am Main 1930, Ottendorfer Memorial Fellowship Series of New York University 13 (wichtige Rezension von *Josef Körner*: ZfdPh 56, 1931, S. 367–383). Neue Ausgabe: Ludwig Tieck und die Brüder Schlegel. Briefe. Auf der Grundlage der von *Henry Lüdeke* besorgten Edition neu hg. und kommentiert von *Edgar Lohner*, München 1972, Winkler Texte.

E. H. Zeydel: Die ersten Beziehungen Ludwig Tiecks zu den Brüdern Schlegel. In: JEGP 27, 1928, S. 16–41.

Ders.: Nachträge zu den ersten Beziehungen der Schlegels zu Ludwig Tieck. ebda., S. 383–86.

Diese Anerkennung durch die Brüder Schlegel war durchaus berechtigt, zumal ja die ersten Hauptwerke (»Lovell«, Komödien, »Sternbald«) unabhängig von der romantischen Theoriebildung entstanden sind, die fast gleichzeitig von A. W. und Fr. Schlegel in ihrer Zeitschrift ›Athenaeum‹ formuliert worden ist. Während Tieck über schöpferische Nachahmung und schließlich in der Loslösung von seinen literarischen Vorbildern zu seiner eigenen Poesiekonzeption und seinem eigenen Stil fand, hatten die Schlegels zunächst den Ton und die Schärfe der aufklärerisch-klassischen Literaturkritik beherrscht und veränderten damals ihre literaturkritische Strategie in Anlehnung an die ›Xenien‹, indem sie auf große poetische Muster (Goethe) hinwiesen. Dem Geist der Schlegelschen Kritik verpflichtet ist Tiecks zweite Rezension für das ›Archiv der Zeit‹ (1798), in der er Jacobi, Voss, Kosegarten u. a. ablehnt, August Wilhelm Schlegel dagegen positiv erwähnt.

»Die diesjährigen Musenalmanache und Taschenkalender«. In: Berlinisches Archiv der Zeit und ihres Geschmacks, Jg. 1798, Bd. 1, S. 301–336; KS I, S. 98–132.

Ernst Ribbat: Poesie und Polemik. Zur Entstehungsgeschichte der romantischen Schule und zur Literatursatire Ludwig Tiecks. In: Romantik. Ein literaturwissenschaftliches Studienbuch. Hg. v. E. R. Königstein/Ts. 1979, Athenäum Tb. 2149, S. 58–79.

Noch während Tieck an Beiträgen für Nicolai und an seinen eigenen Komödien schrieb, arbeitete er zusammen mit Wackenroder an den »Herzensergießungen eines kunstliebenden Klosterbruders«. Seine Fähigkeit, schöpferisch auf vielfältige Weise tätig zu sein, ist sicher nicht, – wie es die ältere Kritik gerne tat – im Sinne eines haltlosen Schwankens und substanzlosen Anempfindens zu erklären. Tieck verstand es vielmehr immer, ernstes Pathos und spielerischen Scherz gleichermaßen zu gestalten, sie als junger Dichter wechselweise zu verarbeiten, sie in den Alterswerken in ironischer Distanz gegeneinander spielen zu lassen (vgl. das Prinzip eines Gleichgewichts von Melancholie und Heiterkeit im Brief an Solger vom 5. Mai 1816; Tieck-Solger, S. 230). So hat er in der Zusammenarbeit mit Wackenroder vieles aufgenommen, was der Zeitgeist ihm bereitstellte und was bereits in seinen Frühschriften im Ansatz vorhanden war, um es empfindsam-pathetisch umzugestalten: nationales Bewußtsein in der Kunst, Erhabenheit der Vorstellung, Gefühlskultur und ihre abgründige Seite. Auffallend ist, wieviel Tieck und Wackenroder aus dem psychologischen Erfahrungsbereich ihres Briefwechsels aufgreifen, vor allem die innere Verwandlung äußerer Erscheinungen in der Beschreibung und in der Absolutheit des Empfindens. Übernommen wurde auch die reine, durchaus als naiv und dilettantisch zu bezeichnende Kunstliebe, während sie ihr Kunstwissen in der Zwischenzeit durch das Studium bei Fiorillo und den Besuch in der Dresdner Galerie vertieft hatten. Man hat immer mit Recht betont, daß die »Herzensergießungen« im strengen Sinne keine Kunstgeschichte, sondern Künstlergeschichten seien, denn nur über eine Vertiefung in die Künstlerseele lasse sich der Aspekt des Religiösen in der Kunst darstellen (vgl. Waetzold).

Betrachtet man ergänzend die eng verwandten und ebenfalls in Zusammenarbeit mit Wackenroder entstandenen »Phantasien über die Kunst«, so lassen sich Tiecks Beitrag und Leistung zureichend bestimmen als Bestätigung und Ergänzung derjenigen Absichten Wackenroders über die Kunst, die für die Romantik wie für die Kunstgeschichte folgenreich wurden: die Verehrung Raffaels, zugleich die Bewunderung für Michelangelo; die synästhetische Vereinigung verwandter, einander benachbarter Künste; schließlich der Toleranzgedanke (Watteau-Aufsatz). Wie auf ähnliche Weise schon vor ihm Goethe, C. L. von Hagedorn oder Heinse, findet Tieck keinen Widerspruch darin, scheinbar divergierende Stilrichtungen als einander ebenbürtig anzusehen: etwa den Raffaels, Dürers oder des französischen Rokoko. Mit einer kurzfristigen Ausnahme während der Arbeit an »Franz Sternbalds Wanderungen« und in merklichem Unterschied zu Friedrich Schlegels systematisierenden Reflexionen über die Kunst, hält Tieck an dieser durch immer vertieferes Kunstwissen gewonnenen Einsicht fest. Noch 1796/7 ist er wie auch Wackenroder von der Vorstellung der göttlichen Begnadung des Künstlers überzeugt; daher ist nicht die umfassende Würdigung der artistischen Vielseitigkeit und technischen Meisterschaft beispielsweise eines Dürer oder Raffael Gegenstand der Betrachtung, ebensowenig wie die Artikulation kunsthistorischen Wissens und Technik der bildenden Kunst. Das Programmatische der »Herzensergießungen« liegt in der Konstituierung einer Einheit von Kunst und Religion – und dies im Erscheinungsjahr von Goethes Kunstzeitschrift ›Propyläen‹. Tiecks Anteil an den »Herzensergießungen« hebt wie der Wackenroders die religiöse (katholisierende) Dimension hervor; in der Frage der Autorschaft sind seine Beiträge zu den »Phantasien« dagegen umstrittener. Kohlschmidt, der in Tieck lediglich einen Nachempfinder sieht, will in dem »Brief Joseph Berlingers«, dem »Fragment aus einem Brief Joseph Berlingers« und sogar in dem »Mährchen von einem nackten Heiligen« die deutliche Spur von Tiecks düster-nihilistischem Stil erkennen, der Wackenroders Kunstfrömmigkeit fernliege. Diese These, die nur eine besser fundierte Neuformulierung von Hayms Behauptung einer »Vergröberung« (S. 127) des Klosterbruders durch Tieck darstellt, beruht auf einer angenommenen Gegensätzlichkeit, nach der Tieck die Kunst als »das Spiel mit der Gefahr, mit dem Tode« (Wackenroders und Tiecks Anteil, S. 97) ansehe und sie somit in den Bereich des frühromantischen Nihilismus einzubeziehen sei. Alewyn will dagegen eine vielfach facettierte Kunstanschauung für Wackenroder beanspruchen; er beobachtet an der Berglinger-Figur die Projektion eines verlorengegangenen Verantwortungsgefühls, »eine intime Selbstzüchtigung« (S. 55) von seiten des Künstlers. Ohne auf diese Kontroverse einzugehen hat neuerdings Arendt die enge Beziehung von Wackenroders Briefen, des »Mährchens« und der Berglinger-Novelle mit der Gedankenwelt des frühromantischen Pessimismus hervorgehoben, in der sowohl Tieck als auch Wackenroder beheimatet seien.

»Herzensergießungen eines kunstliebenden Klosterbruders«, Berlin: Unger 1797 [erschien schon Ende 1796].
»Phantasien über die Kunst, für Freunde der Kunst«. Hg. von Ludwig Tieck. Hamburg: Perthes 1799. Moderne Edition hg. v. *Wolfgang Nehring*, Stuttgart 1973, rub 9494–5.
»Phantasien über die Kunst, von einem kunstliebenden Klosterbruder«. Hg. von L. Tieck. Neue, veränderte Auflage. Berlin: Realschulbuchhandlung 1814.
Kritische Ausgabe im Verlag Lambert Schneider, Heidelberg 1967: Werke und Briefe von Wilhelm Heinrich Wackenroder [dort Literatur]. Historisch-krit. Ausgabe hg. v. Silvio Vietta u. Richard Littlejohns in Vorbereitung.
In den *Herzensergießungen* sind von Tieck: »An den Leser dieser Blätter«, »Sehnsucht nach Italien«, »Ein Brief des jungen Florentinischen Malers

43

Antonio an seinen Freund Jacobo in Rom«, »Brief eines jungen deutschen Malers in Rom an seinen Freund in Nürnberg«.
In den *Phantasien* sind von Tieck: »Eine Erzählung, aus einem italienischen Buche übersetzt«, »Raffaels Bildnis«, »Das jüngste Gericht«, »Watteaus Gemälde«, »Über die Kinderfiguren auf den Raffaelschen Bildern«, »Ein paar Worte über Billigkeit, Mäßigkeit und Toleranz«, »Die Farben«, »Die Ewigkeit der Kunst«, »Unmusikalische Toleranz«, »Die Töne«, »Die Symphonien«, »Der Traum«.
In der Ausgabe der *Phantasien* von 1814, wohl unter dem Einfluß romantischer Konversionen (Chr. Schlosser, Klinckowström, Overbeck), schreibt Tieck Wackenroder den »Brief eines jungen deutschen Malers« zu.

Paul Koldewey: Wackenroder und sein Einfluß auf Tieck. Ein Beitrag zur Quellengeschichte der Romantik, Leipzig 1904.
Richard Alewyn: Wackenroders Anteil. In: GR 19, 1944, S. 48–58.
Werner Kohlschmidt: Bemerkungen zu Wackenroders und Tiecks Anteil an den *Phantasien über die Kunst*. In: Philologia Deutsch. Festschrift zum 70. Geburtstag von Walter Henzen, hg. v. *W. Kohlschmidt* u. *P. Zinsli*, Bern 1965, S. 89–99.
Ders.: Der junge Tieck und Wackenroder. In: Die deutsche Romantik. Poetik, Formen und Motive. Hg. v. *Hans Steffen*. Göttingen 1967, S. 30–44.
Heinz Lippuner: Wackenroder–Tieck und die bildende Kunst. Grundlegung der romantischen Aesthetik, Zürich 1965.
Wilhelm Waetzold: Deutsche Kunsthistoriker von Sandrart bis Rumohr, Leipzig 1921, Berlin ²1965, S. 217–232.
Dieter Arendt: Der ›poetische Nihilismus‹ in der Romantik.

Tiecks unvollendeter Roman »Franz Sternbalds Wanderungen« (entst. 1797, ersch. 1798) ist gewissermaßen als Fortsetzung der »Herzensergießungen« anzusehen. In der Nachschrift zum Ersten Teil heißt es: »Dieses Buch sollte erst unter dem Nahmen des Verfassers der Herzensergießungen eines kunstliebenden Klosterbruders erscheinen: daher muß sich der Leser den Ton in manchen Stellen dieses Theils erklären«. Die Aufwertung der Einfalt, der Rührung, der Frömmigkeit, der Phantasie, der Liebe und Freundschaft zu den wahren Vermittlerinnen eines echten Kunstverständnisses geschieht durchaus noch im Sinne der »Herzensergießungen«, ebenso die entschiedene Verehrung Dürers. Durch die fiktive Gestaltung werden Akzente des früheren gemeinschaftlichen Werkes sowohl intensiviert als auch verschoben. Die historischen Künstlergestalten Dürers und Lukas van Leydens, die das nationale Kunstbewußtsein repräsentieren, werden Künstlern der italienischen Hochrenaissance gegenübergestellt, Tizian und Correggio. Der Toleranz-Idee kommt im Rahmen der Handlung nur noch

eine untergeordnete Bedeutung zu, da die Wanderung des Helden,
die für eine Entwicklung steht, von Nürnberg durch Deutschland
nach Italien, dem Land der Sinnlichkeit, nach erlangter Meisterschaft mit der Rückkehr Franz Sternbalds an Dürers Grab enden
soll (geplante Fortsetzung). Im Gegensatz zu den Künstlerfiguren
der »Herzensergießungen« und der »Phantasien«, die Exponenten
für die Begnadung bzw. die Problematik künstlerischer Vollendung sind, muß sich der Held des Romans erst noch bewähren,
Verstrickungen entgehen, »hoffen und suchen« (vgl. den Anfang
des 2. Buches: »Ich widme diese kleine unbedeutende Geschichte
denen jungen Seelen, die ihre Liebe noch mit sich selber beschäftigen, und sich noch nicht dem Strome der Weltbegebenheiten
hingegeben haben, die sich noch mit Innigkeit an den Gestalten
ihrer innern Phantasie ergötzen, und ungern durch die wirkliche
Welt in ihren Träumen gestört werden«). Der auch an anderer
Stelle formulierte Appell zur Identitätsbildung ist verknüpft mit
dem Wandermotiv, das an »William Lovell« und die ›gothic novel‹
anschließt und Symbol des Tastens, des Unerfüllt-Seins und der
Suche nach sich selbst ist. Auch andere bedeutende Einflüsse auf
den »Sternbald« sind unverkennbar: die Abfolge der Entwicklungsstufen des Helden erinnert an Goethes »Wilhelm Meister«,
der als Vorlage für Tiecks Roman innerhalb einer gattungsge-
schichtlichen Einordnung als Bildungsroman angesehen wird; der
Wechsel von abenteuerlichen und idyllischen Passagen zeigt eine
Orientierung an der Struktur des Schauerromans, ebenso das
Kindheits- und Identitätsbildungsmotiv, wobei auch an das Vor-
bild Jean Paul (»Die unsichtbare Loge«) zu denken wäre. Dieses
Motiv wird in der Nachfolge des »Sternbald« zu einem Hauptsym-
bol im romantischen Roman und Drama (»Heinrich von Ofterdingen«, »Godwi«, »Die Nachtwachen des Bonaventura«, »Halle und
Jerusalem«, »Ahnung und Gegenwart« usw. – s. Wilhelm Emrich:
Begriff und Symbolik der »Urgeschichte« in der romantischen
Dichtung. In: DVjs. 20, 1942, S. 273–304). Wie »Lovell« weist auch
»Franz Sternbald« Einflüsse des Rokokoromans (z. B. Heinse) auf,
vor allem in den Passagen der erotischen Versuchungen und des
südländischen Sinnenreizes. Eingeschobene Gedichte, Stimmungsbilder und Landschaftsschilderungen scheinen der motivgebunde-
nen Strukturierung des Romans entgegengesetzt zu sein und die
entsprechenden Partien ins Unbestimmte aufzulösen. Als Darstellungen der neuen romantischen Natur- (Natur als Chiffre des
Göttlichen) und Kunstschau (Kunst als »Unterpfand« der Unster-
lichkeit), ja sogar als Anregungen zu einer neuen symbolischen
Landschaftmalerei (vgl. Caspar David Friedrich) oder gar einer

›gegenstandslosen Malerei‹ (vgl. Klaus Lankheit: Die Frühromantik und die Grundlagen der »gegenstandslosen« Malerei. In: Neue Heidelberger Jahrbücher NF 1951, S. 55–90) haben sie eine Bedeutung erlangt, die über ihre Funktion innerhalb des Romans weit hinausreicht. Kennzeichnend für den »Sternbald« ist das Überführen von Erhabenheitsvorstellungen in eine neue stimmungsgetragene Landschaftsauffassung. »Sternbald« ist der erste romantische Künstlerroman, wenn nicht der erste historische Roman der deutschen Literaturgeschichte überhaupt, unter der Voraussetzung, daß das historische Moment der Handlung sich nicht im antiquarisch erarbeiteten Lokalkolorit erschöpft.

Der Roman war von maßgeblichem Einfluß auf die romantische Dichtergeneration (Novalis, Eichendorff), und den Nazarenern galt er zusammen mit den »Herzensergießungen« als Glaubensbuch des neuen Kunstsinns. Selbst A. W. Schlegels »Gemälde«- und »Flaxman«-Aufsätze im ›Athenaeum‹ sowie Fr. Schlegels kunstwissenschaftliche Aufsätze in der ›Europa‹ stehen in der Nachfolge des »Franz Sternbald«. Goethe, der diesen Roman Tiecks von Anfang an ablehnte, verlieh seiner Geringschätzung erst öffentlich Ausdruck, als die Wirkung des Romans auf die junge Malergeneration sichtbar wurde (»das klosterbrudrisirende, sternbaldisirende Unwesen« – ›Jenaer Allgemeine Litteratur-Zeitung‹, Juli 1805; Heinrich Meyer: »Neudeutsche religios-patriotische Kunst«, in: Kunst und Altertum, 2. H., 1817). Der »Sternbald« blieb ebenso wie viele andere Romane der Romantik unvollendet, u. a. Friedrich Schlegels »Lucinde«, Dorothea Schlegels »Florentin«, Novalis »Heinrich von Ofterdingen« oder das Drama Zacharias Werners »Das Kreuz an der Ostsee«. Ob biographische oder kompositorische Gründe eine Fertigstellung des Romans verhinderten, mag dahingestellt bleiben (vgl. Anger: »Schwebezustand der ewigen Wanderschaft«, S. 581). Jedenfalls dachte Tieck um 1800, 1815 und noch einmal 1824/25 an eine Fortsetzung; möglicherweise trug nicht zuletzt das Fragmentarische zu »Sternbalds« außerordentlicher Wirkung bei.

»Franz Sternbalds Wanderungen. Eine altdeutsche Geschichte herausgegeben von Ludwig Tieck«. Berlin: Unger 1798. – *Schriften*, Bd. 16 (Neubearbeitung). Über Fortsetzungspläne: *Schriften*, Bd. 20, S. 459.
Studienausgabe (mit Variantenverzeichnis) hg. v. *Alfred Anger*, Stuttgart 1966, rub 8715–21 (dort Literatur). – Kritische Ausgabe ebenfalls in: Frühromantische Erzählungen. Erster Band, DLE Reihe Romantik, Bd. 6, hg. v. Paul Kluckhohn, Leipzig 1933, Neudruck Darmstadt 1970.
Richard Alewyn: Ein Fragment der Fortsetzung von Tiecks »Sternbald«. In: JFDH 1962, S. 58–68.

Ernst Ribbat: Ludwig Tieck: *Franz Sternbalds Wanderungen* (1798). In: Romane und Erzählungen der deutschen Romantik. Neue Interpretationen. Hg. v. *Paul Michael Lützeler*. Stuttgart 1981, S. 58–74.

Kunsthistorische Aspekte:
Lippuner: Wackenroder–Tieck.
Frank Büttner: Der Streit um die »neudeutsche religios-patriotische Kunst«. In: *Aurora* 43 (1983) S. 55–76.

Charakteristisch für Tiecks Frühwerk (und bereits im Jugendwerk im Ansatz vorhanden) ist die lyrische Stimmung und die Vorliebe für musikalisch getönte Kurzlyrik, oftmals als Verseinlage ins Prosawerk oder Drama zwischengeschaltet. Schon seine frühe Vorliebe für das Singspiel, einer auf Stilmischung beruhenden Gattung, läßt dies erkennen. Die Tendenz zur Gattungsmischung zeigt sich aber auch an den Verseinschüben der »Eisernen Maske« und des »Grünen Bandes«. Im »Blonden Eckbert« und im »Sternbald« hingegen nehmen diese Gedichteinlagen eine Bedeutung als Stimmungsträger an. Wie in seinen frühen dramatischen und erzählenden Werken knüpft Tieck auch in seinen ersten lyrischen Versuchen an die Lyrik der zeitgenössischen Empfindsamkeitspoeten an. Anregungen scheinen ihm die von Schiller hervorgehobenen Empfindungsgehalte und die kurzzeilige Versform der Gedichte Matthissons sowie auch die Lyrik Reichardts geboten zu haben. Die Gedankenlyrik und Lehrdichtung der Spätaufklärung und Klassik lehnt Tieck ab, wie es auch aus seinen ›Musenalmanach‹-Rezensionen hervorgeht. (Zu den an dieses Genre anschließenden lyrischen Versuchen der beiden Schlegel hat er sich rücksichtsvoll ausgeschwiegen.) Tiecks Lyrik ist orientiert an Herders und A. W. Schlegels Lyriktheorie, bevorzugt Klang und Rhythmus und innere Gestimmtheit und Gemütslage. Die Synästhesie von Sprache und Musik mancher Partien der »Herzensergießungen« und der »Phantasien« erscheint in der Lyrik Tiecks wieder. Gerade er, der im Gegensatz zu Wackenroder keine theoretischen Kenntnisse der musikalischen Formen besaß, war bemüht, die Musik und ihre Klangfarben synästhetisch in Sprache zu überführen. Der Versuch, eine unbildhafte, gegenstandslose Kunstform durch eine bildhafte Sprache wiederzugeben, erweist sich als fast unlösbares Problem. Kennzeichen der Lyrik Tiecks nach 1790 ist das schwebende Sich-Verflüchtigen des eigenen Zeit-, Natur- und Liebeserlebnisses und eine magische Innerlichkeit. Besonders auffällig ist die Technik, über Veränderungen von Reim, Zeilenlänge, Anhäufung von Synonymen klangliche Wirkung zu erzielen und damit wechselnden Stimmungen Ausdruck zu verleihen. Durch Tiecks Absicht, der lyrischen Praxis der deutschen Klassik eine in Klang gelöste Kunst gegenüberzustellen, bleibt seine Lyrik – auch unter den Romantikern – ein Ausnahmefall. Brentano und Eichendorff, für deren Gedichte ebenfalls eine Vereinigung von Melodie und Stimmung charakteristisch ist, sind als Lyriker ungleich konkreter als der junge Tieck und räumen vor allem dem Reim eine sehr viel stärkere strukturbildende Funktion ein.

Paul Böckmann: Klang und Bild in der Stimmungslyrik der Romantik. In: Gegenwart im Geiste. Festschrift für Richard Benz, Hamburg 1954, S. 103–125.

Richard Erny: Entstehung und Bedeutung der romantischen Sprachmusikalität im Hinblick auf Tiecks Verhältnis zur Lyrik. Ein Beitrag zur Entstehungs- und Formgeschichte der romantischen Stimmungslyrik, Diss. Masch. Heidelberg 1956.

Gerhard Kluge: Idealisieren–Poetisieren. Anmerkungen zu poetologischen Begriffen und zur Lyriktheorie des jungen Tieck. In: JDSG 13, 1969, S. 308–360; gekürzte Fassung bei *Segebrecht*, S. 386–443.

Manfred Frank: Das Problem »Zeit« in der deutschen Romantik, S. 364–409.

Hiltrud Gnüg: Entstehung und Krise lyrischer Subjektivität. Vom klassischen Ich zur modernen Erfahrungswirklichkeit, Stuttgart 1983, Germanistische Abh. 54, bes. S. 94–111.

Paul Gerhard Klussmann: Bewegliche Imagination oder Die Kunst der Töne. Zu Ludwig Tiecks *Glosse*. In: Gedichte und Interpretationen 3, S. 343–357.

Die »Herzensergießungen eines kunstliebenden Klosterbruders« und »Franz Sternbalds Wanderungen« waren im Verlag Johann Friedrich Ungers (1753–1804) erschienen, zu dessen Autoren Reichardt, Schelling, K. Ph. Moritz, gelegentlich auch Goethe und Schiller zählten. Unger war näher mit A. W. Schlegel bekannt, der diesem Verlag zunächst seine Shakespeare-Übersetzung anvertraute und Tieck mit seiner »Don Quijote«-Übertragung an Unger empfahl. Nach der Erfahrung mit Nicolai hielt es Tieck aber für ratsam, seine Unabhängigkeit als Schriftsteller zu wahren, indem er – nicht ohne einen gewissen Opportunismus – von Verleger zu Verleger wechselte. Auf diese Art kam 1799–1800 die intensive Verbindung mit dem Jenaer Verleger Friedrich Frommann (1765–1837) zustande.

Zur gleichen Zeit beschäftigte ihn ein literarischer Plan besonderer Art: der Versuch gemeinsam mit Reichardt und Iffland eine Oper auf die Bühne zu bringen. Tiecks Libretto, das unter dem Titel »Das Ungeheuer und der verzauberte Wald« im Jahre 1800 in Buchform erschienen ist, stellt eine Verbindung von Gozzis Lustspiel und Mozarts Singspiel dar. Im Spiel mit Phantasie und

Zauber ist ein merkliches Abrücken von der ›totalen Komödie‹ feststellbar und damit auch der Rückgriff auf Jugendpläne (»König Braddeck«, »Das Reh«). Leider fand sich kein Komponist für das Libretto und Tieck war der Zugang zur Bühne wieder einmal verwehrt.

»Das Ungeheuer und der verzauberte Wald«. Ein musikalisches Mährchen in vier Aufzügen. Bremen: Fr. Wilmans 1800. – *Schriften*, Bd. 11, S. 145–268.

Tiecks Frau war Reichardts Schwägerin Amalie (Malchen) Alberti, die Tochter des aufgeklärten Hamburger Theologen Julius Gustav Alberti (1723–1772), des Freundes von Klopstock und Lessing und Widersachers des durch Lessing in die Literaturgeschichte eingegangenen Hamburger Hauptpastors Goeze. Die Heirat trug Tieck manche wichtige Verbindungen ein. Zum Albertischen Geschwisterkreis gehörten neben Johanna Reichardt, deren ältere Tochter später Henrik Steffens (1773–1845) heiratete, auch Johanna Louise Waagen, die Frau des Hamburger Kunstlehrers und -sammlers Christian Friedrich Waagen (des Förderers von Runge) und Mutter des bedeutenden Kunsthistorikers Gustav Friedrich Waagen (1794–1868), ferner Elisabeth Charlotte Möller und die Malerin Maria Alberti (1767–1810). Die zwei letztgenannten pflegten als Konvertitinnen besonders enge Beziehungen zum Münsteraner Stolberg-Kreis. Auch Amalie Tieck konvertierte um ca. 1805. Die Spannungen, die diese Konversionen hevorriefen, sind denen in der Familie Schlegel vergleichbar, wobei man an den beteiligten Gruppen denselben Generationswechsel von der Aufklärungstheologie zum Katholizismus beobachten kann. Die Tiecksche Ehe war vermutlich nicht besonders glücklich. Die Vorstellungen vom ›romantischen Blaustrumpf‹ wie etwa Caroline oder Dorothea Schlegel erfüllte Malchen nicht; sie war aber ihrem Manne geistig keineswegs so unterlegen, wie es in der Memoirenliteratur oftmals behauptet wird (vgl. ihre unveröffentlichten Briefe, Nationalbibliothek Wien). Die ständigen Wohnortswechsel während der ersten Ehejahre, nicht zuletzt der Jenaer Aufenthalt, sowie die Schaffens- und Lebenskrise Tiecks in den Jahren 1800/02 stellten eine Belastung für die junge Ehe dar. Unter den elterlichen Spannungen litten vor allem die Töchter, die hochbegabte Dorothea (1799–1841) und die eher zurückgezogene Agnes, verh. Alberti, (1802–1880). Als Nachlaßverwalterin Tiecks hat Agnes Alberti fast alle Zeugnisse, die Auskunft über das Eheleben der Eltern enthielten, vernichtet. Dazu veranlaßte sie weniger ein pietätvolles Andenken an die Eltern als vielmehr die begründete Verschleierung

ihrer Herkunft. Schon zu Lebzeiten Tiecks hatte man im Freundes-
und Bekanntenkreis Zweifel an seiner Vaterschaft und sah Burgsdorff als Vater Agnes' an (vgl. Brief Leopold von Gerlachs an Carl
von Voß vom 18. Juni 1816, in: Aus den Jahren preußischer Not
und Erneuerung. Tagebücher und Briefe der Gebrüder Gerlach
und ihres Kreises 1805–1820. Hg. v. Hans Joachim Schoeps, Berlin
1963, S. 565 f.).

Zur Familie Alberti:
Briefe aus dem Stolberg- und Novalis-Kreis. Nebst Lebensbild und
   ungedruckten Briefen von Tiecks Schwägerin, der Malerin und Ordenso-
   berin Maria Alberti. Mit Einleitung und Anmerkungen hg. v. *Heinz
   Jansen*, Nachwort von Siegfried Sudhof, Münster 1932. Nachdruck 1969,
   Veröff. d. Hist. Kommission Westfalens 19, Westfälische Briefwechsel
   Bd. 2.
Ernst Rudorff: Aus den Tagen der Romantik. Bildnis einer deutschen
   Familie. Aus dem Nachlaß hg. v. Elisabeth Rudorff, Leipzig 1938.

Zu Dorothea:
Josef Oswald: Dorothea Tieck. In: Historisch-politische Blätter für das
   katholische Deutschland 171, 1923, S. 373–83, 447–58.
Käthe Stricker: Ihres Vaters Tochter! Dorothea Tieck zum Gedächtnis. In:
   Die Frau 43, 1935, S. 103–112.
Briefe Dorotheas in: Erinnerungen an *Friedrich v. Uechtritz* und seine Zeit.
   Briefe von ihm und an ihn. Hg. v. *H. v. Sybel*, 1884.

II. 1799–1819

(a) Wanderjahre 1799–1810

In den Jahren 1799–1810 löste sich Tieck von der engen Bindung an
Berlin und begann ein mehrjähriges Wanderdasein. In dieser Zeit
hatte er stärksten Anteil an der romantischen Bewegung, wußte
aber einen allzu engen Anschluß an die literarischen und gesellschaftlichen Kreise in Weimar und Jena zu vermeiden. Er geriet in
manch schwere Krisen – familiär und finanziell –, die sich in
zahlreichen abgebrochenen oder unausgeführten literarischen Plänen äußerten.
   Den Sommer 1799 verbrachte Tieck in Giebichenstein, Jena
(dort zusammen mit A. W. Schlegel) und Weimar. Die für Tieck
bedeutendste neue Freundschaft ging aus seiner Beziehung zu A.
W. Schlegel hervor: die Bekanntschaft mit Friedrich von Harden-

berg (Novalis), die ihm Schlegel vermittelt hatte. Im gleichen Sommer lernte Tieck auch das Weimarer ›Triumvirat‹ (Goethe, Schiller, Herder) sowie Jean Paul kennen. Der ersten Begegnung mit Goethe, am 21. Juli 1799, war die Übersendung des »Sternbald« im Juni 1798 vorausgegangen. Zu dieser Zeit hat sich Goethe über Tieck zwar zurückhaltend aber nicht ohne Wohlwollen geäußert, und seine immer wieder angeführte Wertschätzung der »Genoveva« läßt eine gewisse Empfänglichkeit für Tiecks romantische Form der Dichtung erkennen. Bis 1801 standen Goethe und Tieck im Briefwechsel miteinander, der erst nach 1819 wieder aufgenommen wurde. Tiecks spätere katholisierende Tendenz war für Goethe Anlaß zu schärfster Kritik. Auch die Beziehung zu Schiller kam über A. W. Schlegel zustande; auf Schlegels Empfehlung hin druckte Schiller im ›Musenalmanach von 1799‹ vier Gedichte Tiecks. Wesentlich mehr Vorbehalte als gegenüber Goethe hatte Tieck gegenüber der Person Schiller und dessen Dichtungen, abgesehen von den Jugenddramen, die er zeitlebens schätzte. Für Schillers klassische Dramen und Lyrik besaß Tieck wenig Verständnis; beider Kunstauffassungen waren auch zu verschieden (Farbe gegen Plastizität). Tieck nahm aber nie öffentlich eine kämpferische Haltung gegenüber Schiller ein, wie es etwa die Schlegels oder Schleiermacher taten. Auch für Schiller war Tieck als Mitglied des Schlegelkreises eher der literarischen Gegenpartei zugehörig, dennoch unterstützte er ihn mit seinem Rat bei der Beschäftigung mit spanischer Literatur. Wie Körner und Wilhelm von Humboldt war Schiller der Ansicht, daß es Tiecks Dichtungen »an Kraft und Tiefe« (Borcherdt, S. 614) mangle. Die erste persönliche Begegnung mit Jean Paul Ende November 1799 in Weimar wurde für Tieck, der Jean Pauls Frühwerk kannte und daraus Anregungen für einige seiner eigenen Werke gezogen hatte, zu einer Enttäuschung: erst später, in Berlin 1800/01, lernte er ihn besser kennen und schätzen.

Goethe und die Romantik. Briefe mit Erläuterungen. Hg. von *Carl Schüddekopf* und *Oskar Walzel*, Weimar 1898, Schriften der Goethe-Gesellschaft 13–14.
Ernst Ribbat: Ungleichzeitig-gleichzeitig: Goethe und Tieck. In: Jb. f. Internationale Germanistik. Reihe A, Bd. 8, 2–4, III, S. 339–43.
Schiller und die Romantiker. Briefe und Dokumente, hg. u. eingeleitet von *Hans Heinrich Borcherdt*, Stuttgart 1948.
Uwe Schweikert: Jean Paul und Ludwig Tieck. Mit einem ungedruckten Brief Tiecks an Jean Paul. In: Jb. der Jean-Paul-Gesellschaft 8, 1973, S. 23–77.

Im Oktober 1799 siedelte Tieck mit Frau und Tochter ganz nach

Jena über und blieb dort bis Juni 1800. Er hielt sich also in der Zeit dort auf, die gemeinhin als der Höhepunkt des sog. »Jenaer Kreises« (Sept. 1799 – April 1800) bezeichnet wird, in der die Schlegels – Caroline, August Wilhelm, Dorothea und Friedrich –, aber auch Schelling, Fichte, der Übersetzer Johann Diederich Gries (1775–1842) und gelegentlich auch Steffens und Clemens Brentano dort versammelt waren. Von den Spannungen, die innerhalb des Kreises ausgetragen wurden, vor allem den Feindseligkeiten Carolines und Dorotheas, den Meinungsverschiedenheiten Fichtes mit A. W. Schlegel über die Gründung eines kritischen Publikationsorgans, waren auch Tieck und seine Frau betroffen. Tieck befand sich zum erstenmal in einem Kreis von Literaten und Philosophen, der sich bereits 1798 in Dresden gebildet hatte, und er wußte mit Vorsicht und geschicktem Verhalten, die Gunst verschiedener Mitglieder zu erwerben – wie es seine zur Institution gewordenen Vorleseabende bestätigen. Zu Schelling und Fichte entwickelte sich ein freundschaftliches Verhältnis; letzterer hat ihm 1800 den Kontakt zum Verleger Cotta und einen hochwillkommenen Vorschuß vermittelt. Über Tieck und seine Frau hat sich Caroline selten positiv geäußert. Friedrich und Dorothea Schlegel betrieben mit übersteigertem Bemühen eine elitäre Gruppenbildung, in der sich die Idee einer ›freien Geselligkeit‹ nicht mehr verwirklichen ließ. Umso wichtiger wurde für Tieck und seine Frau die Freundschaft mit Novalis und der Familie Hardenberg in Weißenfels. Die Innigkeit dieser Beziehung ist nicht nur dadurch zu erklären, daß Novalis, ähnlich wie Tieck, den meisten Mitgliedern des Jenaer Kreises (ausgenommen Friedrich Schlegel) nicht sonderlich nahestand. Tieck und Novalis fanden aneinander aufmerksame Gesprächspartner und teilnahmsvolle Förderer ihrer gegenseitigen literarischen Pläne. Besonders nachhaltig beschäftigte beide die Naturmystik Jacob Böhmes, auf den Novalis erst durch Tieck aufmerksam gemacht wurde (»Ein ächtes Chaos voll dunkler Begier und wunderbaren Leben – einen wahren auseinandergehenden Microcosmus. Es ist mir sehr lieb ihn durch Dich kennen gelernt zu haben« – Novalis, Bd. 4, S. 322 f.). Während es Novalis gelungen ist, Böhmes Gedanken philosophisch zu assimilieren, bestärkte die Beschäftigung mit den Schriften des schlesischen Mystikers Tieck in einer anti-kritischen Weltsicht und mystischen Innerlichkeit. Köpkes Behauptung, Novalis sei nur »ein Ersatz für Wackenroder« gewesen (I, 247), übersieht die menschliche Reife und literarische Unabhängigkeit der beiden Partner allzu sehr; Tiecks Schwächen erkannte Novalis in einem Maße, wie es der Jugendfreund Wackenroder nicht vermocht hatte. Tieck war ein

Genie der Freundschaft und spielte, durch sein selbstloses Einfühlungsvermögen in seinen persönlichen und gesellschaftlichen Beziehungen, als Gesprächs- wie als Briefpartner eine bedeutende Rolle als Anreger und Förderer.

Caroline. Briefe aus der Frühromantik, Nach Georg Waitz vermehrt hg. v. *Erich Schmidt*, Leipzig 1913, 2 Bde.

F. W. J. Schelling: Briefe und Dokumente, Bd. 1: 1775–1809. Hg. v. *Horst Fuhrmann*, Bonn 1962 u. Bd. 2: 1775–1803 Zusatzband, Bonn 1973.

Johann Gottlieb Fichte: Briefwechsel 1799–1800, hg. v. *Reinhard Lauth* u. *Hans Gliwitzky*, Stuttgart-Bad Cannstatt 1973. J. G. Fichte-Gesamtausgabe III, 4.

Novalis: Schriften. Hg. v. *Paul Kluckhohn* u. *Richard Samuel*, 2. Auflage, Bd. 4: Tagebücher, Briefwechsel, Zeitgenössische Zeugnisse, Stuttgart-Berlin-Köln-Mainz 1975.

Gerhard Schulz: »Potenzierte Poesie«. Zu Friedrich von Hardenbergs Gedicht *An Tieck*. In: Gedichte und Interpretationen 3, S. 245–255.

Henrich Steffens: Was ich erlebte. Aus der Erinnerung niedergeschrieben, Bd. 4, Breslau 1841.

Edgar Ederheimer: Jakob Boehme und die Romantiker, Heidelberg 1904.

In Jena erlitt Tieck den ersten Anfall jenes rheumatischen Leidens (»Gicht«, »Kniereißen«), das ihn von nun an immer wieder quälte und ihn besonders in Krisensituationen (z. B. 1804/5, 1808/9) heimsuchte. Trotz seiner näheren Zugehörigkeit zum Jenaer Kreis beteiligte sich Tieck nicht als Autor an dessen Publikationsorgan und programmatischer Zeitschrift ›Athenaeum‹ (ein schon geplanter Beitrag über Böhme kam nicht zustande; vgl. Aus Schleiermacher's Leben. In Briefen. Hg. v. L. Jonas und W. Dilthey, Bd. 3, Berlin 1861, S. 148). Man kann daraus nicht auf eine Zurückweisung Tiecks schließen, gleichwohl er nicht zum engsten Kreis der Gruppe gehörte (vgl. Alfred Schlagdenhauffen: Frédéric Schlegel et son groupe. La doctrine de l' Athenaeum [1798–1800], Paris 1934, Publ. de la Fac. des Lettres de l'Univ. de Strasbourg 64); zudem erschien die Zeitschrift schon seit 1798, also vor Tiecks näherer Beziehung zu den Brüdern Schlegel. Obwohl bereits die Werke seiner Berliner Zeit durchaus zur literarischen Romantik zählen und als poetische Praxis – im Gegensatz zur theoretischen Grundlegung – einen wesentlichen Beitrag zum Entstehungsprozeß der Romantik geleistet haben, bekannte sich Tieck erst 1799–1800 öffentlich zur neuen Schule und schloß sich ihr an. Dies belegen die programmatisch betitelten »Romantischen Dichtungen« 1799–1800 (die beiden Hauptwerke »Zerbino« und »Genoveva«, so Köpke I, S. 265: eine »neue oder gar höhere Art der Poesie«) und die »Don Quijote«-Übersetzung.

»Romantische Dichtungen von Ludwig Tieck«. Jena: Frommann 1799–1800. Bd. 1 (1799): »Zerbino«, »Der getreue Eckart«. Bd. 2 (1800): »Genoveva«, »Melusina«, »Rothkäppchen«.

Auf launisch-satirische Weise vollzieht Tieck mit »Prinz Zerbino oder die Reise nach dem guten Geschmack« die endgültige Abkehr von dem ›Aufklärungsberlinism‹ (Friedrich Schlegel) und Nicolai. Im »Garten der Poesie« führt Tieck den romantischen Dichterkanon vor: Dante, Ariost, Tasso, Gozzi, Petrarca, Cervantes, Sophokles, Hans Sachs, Shakespeare, auf deren Bedeutung als Repräsentanten der ›neuen Poesie‹ die Rezensionen und theoretischen Schriften der Brüder Schlegel aufmerksam gemacht haben. Nicht genannt, aber damals schon von Tieck und bald auch von A. W. Schlegel und J. D. Gries neben Shakespeare als der romantische Dichter schlechthin gefeiert, ist Calderón, dessen Dichtungen Tieck Anregung für die Konzeption der »Genoveva« waren.

»Leben und Tod der heiligen Genoveva« vereinigt in dichterischer Form die poetischen Zielsetzungen, die hauptsächlich im ›Athenaeum‹ theoretisch formuliert worden waren. Als religiöse Dichtung steht das Lesedrama im Umkreis von Schleiermachers »Reden«, Novalis' »Geistlichen Liedern« oder A. W. Schlegels »Gemälde«- und »Flaxman«-Besprechungen. Als nationalmythologisches Drama, das das katholische Mittelalter und die überlieferte nationale Dichtung (Volksbuch) verherrlicht, steht es in engem Zusammenhang mit Fr. Schlegels »Rede über die Mythologie«. In der Zusammenführung von Elementen des Märchen- und Stationendramas Shakespeares (»Perikles«) und dem ›auto sacrale‹ Calderóns (der geistlichen Handlung) schafft Tieck eine neue dramatische Form, die – wenn auch für die Aufführungspraxis ungeeignet – formales Experimentieren (Wechsel von epischen und lyrischen Elementen, romanische Strophenform) und religiöse Überhöhung gleichermaßen erlaubt. Unter diesem Aspekt ist »Genoveva« als Gegenstück zum programmatischen Drama der Klassik, »Wallenstein«, anzusehen und stellt zugleich den Höhepunkt von Tiecks romantischer Dichtung dar. Schlegel und Bernhardi wiesen auf diese Neuerungen hin und räumten dem Drama eine Vorrangstellung vor anderen Werken Tiecks ein (Bernhardis Rezension in: ›Berlinisches Archiv der Zeit und ihres Geschmacks‹ 1800, Bd. 1, S. 457–471). Zu diesen Elementen oder Einflüssen, die dem Werk eine besondere Bedeutung verliehen, kommt die eigentliche dichterisch-technische Raffinesse der Poesie, mit der Tieck die fromme Einfalt des Legendenstoffes mit Leidenschaftlichkeit harmonisch zu vereinen weiß (vgl. die natursymbolisch-synästhetisch gestalteten und von Sinnlichkeit erfüllten Szenen zwischen Golo und Genoveva). Trotz der bewußten Kontrastwirkungen im Stück lösen sich die Konturen des Geschehens in musikalisch-traumhafte Stimmungsbilder auf. Als erstes religiös-universalpoetisches Großdrama der Romantik war »Genoveva« von nachhaltiger Wirkung (auf Z. Werner, Arnim, Brentano, aber auch auf den Schiller der »Jungfrau von Orleans«, »Faust II«, und vermutlich auch auf Richard Wagner); eine 1800 mit Iffland geplante Bühnenbearbeitung kam nicht zustande. Als Lesedrama wurde es aber neben dem »Sternbald« von der jüngeren Romantikergeneration mit Begeisterung aufgenommen – in einem Ausmaß, wie es Tieck selbst nicht lieb war. Nachdem 1806 die Illustrationen der Brüder Franz (1786–1831) und Johannes (1788–1860) Riepenhausen zu Tiecks Drama erschienen waren, wurde der Genoveva-Stoff zu einem beliebten Sujet der Nazarener und ihrer Nachfolger (Führich, Schwind, Richter usw.). (dazu: *Roger Paulin*: Die Textillustrationen der Riepenhausens zu Tiecks ›Genoveva‹: Wirkungen der bildenden Kunst auf die Rezeption eines Werkes romantischer Literatur. In: *Aurora* 38 (1978) S. 32–53).

»Leben und Tod der heiligen Genoveva«. Ein Trauerspiel. In: *Romantische Dichtungen*, Bd. 2, S. 1–330. – *Schriften*, Bd. 2, S. 1–272. – Kritische Ausgabe: Dramen der Frühromantik, hg. v. Paul Kluckhohn, DLE, Reihe Romantik Bd. 8, Leipzig 1936. Neudruck Darmstadt 1970, S. 86–278. Dort Literatur und Angaben über Quellen (Maler Müller).
J.-J. A. Bertrand: L. Tieck et le théâtre espagnol, Paris 1914.
Gertraut Mathilde Rübsam: Stimmungskunst in Tiecks »Genoveva«, Diss. Zürich 1954.
Hanspeter Kern: Ludwig Tiecks Calderonismus. In: Spanische Forschungen der Görresgesellschaft 1. Reihe. Gesammelte Aufsätze zur Kulturgeschichte Spaniens Bd. 23, 1967, S. 189–356 [hier übertriebene Zuweisungen].
ders.: Calderon und Tiecks Weltbild, ebda. Bd. 24, 1968, S. 337–396.
Swana L. Hardy: Goethe, Calderon und die romantische Theorie des Dramas, Heidelberg 1965, Heidelberger Forschungen 10.
allgemein: *Robert Ulshöfer*: Die Theorie des Dramas in der deutschen Romantik, Berlin 1935, Neue Deutsche Forschungen. Abt. Neuere deutsche Literaturgeschichte 1.

Für das Selbstverständnis der Romantik war Tiecks »Don Quijote«-Übersetzung ein ebenso paradigmatischer Text wie die »Genoveva«. Dabei handelt es sich nicht um eine Nachschöpfung aus spanisch-romantischem Geist, sondern um eine Verbreitung des Urtextes durch Übersetzung (vgl. A. W. Schlegels Shakespeare- und Calderón-Übertragungen). Cervantes war im »Zerbino« neben Dante und Shakespeare zu den eigentlich romantischen Dichtern gezählt worden. Friedrich Schlegel hatte schon in seinem Versuch,

die »Neue Mythologie« zu bestimmen, »diese künstlich geordnete
Verwirrung, diese reizende Symmetrie von Widersprüchen, diesen
wunderbaren ewigen Wechsel von Enthusiasmus und Ironie«
(Athenaeum. Eine Zeitschrift, Bd. 3, 1. Stück, S. 102) gerade die
Werke Shakespeare und Cervantes' als diejenigen hervorgehoben,
in denen sich die Objektivität und Universalität des romantischen
Kunstwerks verwirklichen (vgl. auch Solgers Vorstellung vom
»höheren Witz« bei Cervantes und Shakespeare, »Vorlesungen
über Aesthetik«, S. 233). In »Don Quijote« sind auch bereits die
Möglichkeiten des Romans realisiert: die Ironie, die Friedrich
Schlegel in der »Wilhelm Meister«-Besprechung hervorgehoben
hatte, die Mischung »aus Erzählung, Gesang und andern Formen«
(Brief über den Roman. In: Athenaeum, ebd., S. 124) und die Prosa
als Darstellungsform des Absoluten (Athenaeum, Bd. 2, 2. Stück, S.
324–7). Die Gemeinsamkeiten in der Auffassung von Poesie
zwischen Schlegel und Tieck ließen die Brüder Schlegel der
Übersetzung Tiecks den Vorzug vor der Soltaus geben. Obwohl
Tiecks sprachliche Kenntnisse dieser äußerst schwierigen Aufgabe
kaum gewachsen waren, ist es unübersehbar, daß seine stellenweise
freie oder ungenaue Übertragung den Stil und die Musikalität des
Originals erstaunlich gut wiedergegeben hat, und sie daher, nicht
nur ihres berühmten Übersetzers wegen, die bis heute maßgebliche
Übertragung ins Deutsche geblieben ist.

»Leben und Thaten des scharfsinnigen Edlen Don Quixote von la Mancha«
    von Miguel de Cervantes Saavedra übersetzt von Ludwig Tieck. Berlin:
    Unger 1799–1801. – Zuletzt: Neudruck nach d. Ausgabe 1852/53 in 2
    Bdn. Berlin/DDR ³1984.
J.-J. A. Bertrand: Cervantes et le romantisme allemand, Paris 1914.
Werner Brüggemann: Cervantes und die Figur des Don Quijote in
    Kunstanschauung und Dichtung der deutschen Romantik, Münster 1958,
    Spanische Forschungen der Görresgesellschaft 2. Reihe, 7. Bd.
Moderne kritische *Don Quijote*-Ausgabe nach Tieck: Leben und Taten des
    scharfsinnigen Edlen Don Quijote von la Mancha. Übertragen von
    Ludwig Tieck. Textkritisch bearb. u. hg. v. *Hans Rheinfelder*, mit
    Bildern von Robert Pudlich. Bad Salzig, Düsseldorf 1951.
Der Plan, den ganzen Cervantes mit August Wilhelm Schlegel gemeinsam
    zu übersetzen, zerschlug sich (vgl. die Ankündigung im »Intelligenz-
    Blatt« der »Allgemeinen Litteratur-Zeitung«, 1800, S. 3–4).

In die »Romantischen Dichtungen« aufgenommen waren auch
drei kleinere Werke, die mit deutlicher Akzentverschiebung die
»Volksmährchen« fortsetzen. »Leben und Tod des kleinen Rothkäppchens«, eine spielerische Version des Perraultschen Märchens
(der Wolf als politischer Freigeist!), zeigt bereits eine beginnende

Entfernung von der ›romantischen Komödie‹. Die »Sehr wunderbare Historie von der Melusina« knüpft an die »Magelone« an, wobei sich dem naiven Volkston eine Ebene der Erotik beimischt; wie sehr Tieck von diesen Stoffen eingenommen war, zeigen andere, Fragment gebliebene Versuche aus dieser Zeit, in denen er ähnliche Themen dramatisch gestaltete (»Prolog zur Magelone«, »Melusine«-Fragment, »Das Donauweib«). »Der getreue Eckart und der Tannenhäuser« setzt die Reihe der dem Mittelalter nachempfundenen Märchenerzählungen fort, die auf »Das grüne Band« und »Der blonde Eckbert« zurückgehen, nun allerdings mit verstärkter Orientierung an die Volksbuchvorlage.

»Leben und Tod des kleinen Rothkäppchens«. Eine Tragödie. In: *Romantische Dichtungen*, Bd. 2, S. 465–506. *Phantasus*, Bd. 1, S. 478–511. *Schriften*, Bd. 2, S. 327–362.
»Sehr wunderbare Historie von der Melusina«. In drei Abteilungen. In: *Romantische Dichtungen*, Bd. 2, S. 331–464. *Schriften*, Bd. 13, S. 67–170.
»Prolog zur Magelone« (1803). In: *Gedichte*. Dritter Theil. Dresden: Hilscher 1823, S. 24–35. *Schriften*, Bd. 13, S. 229–238.
»Melusine«. Fragment (1807). In: NS, Bd. 1, S. 160–170.
»Das Donauweib« (1801, 1808). In: *Die Sängerfahrt* hg. Fr. Förster, Berlin: Maurer 1818, S. 7–38. *Schriften*, Bd. 13, S. 193–228.
»Der getreue Eckart und der Tannenhäuser«. In: *Romantische Dichtungen*, Bd. 1, S. 423–492. *Phantasus*, Bd. 1, S. 196–238. *Schriften*, Bd. 4, S. 173–213.

Nach einem längeren Aufenthalt in Hamburg kehrte Tieck im November 1800 nach Berlin zurück. Er war von Geldsorgen bedrängt und konnte die Lieferungstermine bei seinem Verleger Frommann nur mit Mühe einhalten. Während der folgenden Jahre sollten ihm und seiner Familie die prekäre finanzielle Lage eine dauernde Belastung sein. Davon zeugen auch die vielen Briefe an seine wechselnden Verleger. Mit dem Wegzug aus Jena hatte er den Kreis der gleichgesinnten Freunde verlassen und sah sich nun den Angriffen der antiromantischen Parteien unmittelbar ausgesetzt. Seit dem Erscheinen des ›Athenaeums‹ und der »Lucinde« (1799) mußten die Romantiker eine Reihe von Attacken in Form von Satiren und Schmähschriften über sich ergehen lassen, die hauptsächlich von Johann Daniel Falk (1768–1826), Garlieb Merkel (1769–1850) und Heinrich Beck (1760–1803) unter der Ägide von Iffland und Kotzebue (»Der hyperboreische Esel«, 1799) ausgegangen waren. Kotzebue, der erfolgreichste Bühnenautor, war im Gegenzug schon 1800 in A. W. Schlegels »Ehrenpforte und Triumphbogen für den Präsidenten von Kotzebue« und in Brentanos »Gustav Wasa« Ziel satirischer Angriffe. Tieck selbst sah sich

in der Berliner Aufführung von Becks »Das Chamäleon« in der
Figur des liederlichen Dichters Schulberg diffamiert (Beck hatte
von Tiecks finanziellen Wirrnissen gerüchtweise erfahren und
darauf angespielt). Er nahm seinerseits die Herausforderung auf
und benutzte sein schon seit 1799 mit Frommann geplantes und
nun erscheinendes ›Poetisches Journal‹ (1800) als Waffe gegen seine
Widersacher und gleichzeitig als Forum zur Verbreitung des
eigenen dichterischen Selbstverständnisses.

Über die antiromantischen Streitereien s. *Haym*, S. 699–764.

L. H. Fischer: Aus Berlins Vergangenheit, S. 96–107.

Wolfgang Pfeiffer-Belli: Antiromantische Streitschriften und Pasquille
(1798–1804) in: Euphorion 26, 1925, S. 602–30.

Schon im »Die neue Zeit« betitelten Stanzengedicht, das das
›Poetische Journal‹ einleitet, ist die doppelte Aufgabenstellung
formuliert:

> Nein, nehmt die Waffen gegen Lug und Trug,
> Reinigt den Altar von den Götzenbildern,
> Erkennt die Schrift in Gottes grossem Buch! (S. 15)

Polemisch gegen Nicolai gerichtet aber auch gegen jegliche Ge-
schmacksverflachung ist »Das jüngste Gericht«, während Tieck in
»Der neue Hercules am Scheidewege« mit der direkten Huldigung
Lessings geistreich und witzig den zeitgenössischen Literaturbe-
trieb, Opportunismus, Eintönigkeit, geistlose literarische Moden,
romantisierende Manier (wohl auf Brentano bezogen), in der
Gestalt allegorischer Figuren verspottet. Nicht ins ›Journal‹ aufge-
nommen, aber im Umkreis entstanden, sind die unvollendeten
»Bemerkungen über Parteilichkeit, Dummheit und Bosheit« (gegen
Falk und Merkel) und der an Goethes »Götter, Helden und
Wieland« erinnernde »Anti-Faust oder Geschichte eines dummen
Teufels«. Positiv-affirmativ ist hingegen die Jonson-Übersetzung
»Epicoene«, mit der Tieck seine Publikationen über Jonson,
keineswegs aber seine Beschäftigung mit dem Dichter abschließt.
Die beiden »Briefe über W. Shakspeare« dokumentieren Tiecks
fortwährende Shakespeare-Studien (s. u.). Die Freundschaftsso-
nette, die den Band beschließen, sind Ausdruck der Integration
dieser lyrischen Gattung in Tiecks romantische Dichtung und – fast
zum letzten Male! – der gemeinsamen Zielsetzung der Berliner und
Jenaer Romantik. Abgesehen von einem kurzen Beitrag Friedrich
Schlegels zeichnen außer Tieck nur der Indologe Fr. Majer
(1772–1818) als Verfasser; sein Aufsatz »Ueber die mythologischen
Dichtungen der Indier« (S. 165–216) gilt als bedeutende Vorstufe
für die romantische Indologie (Fr. Schlegel) und der vergleichenden

Mythologie (Creuzer) und mag Runges Ikonographie beeinflußt haben.

»Poetisches Journal«. Herausgegeben von Ludwig Tieck, Jena: Frommann 1800. Reprint: Enthält:

»Briefe über W. Shakspeare«. S. 18–80, 459–472. KS I, S. 133–184.

»Der neue Hercules am Scheidewege«, eine Parodie, S. 81–164. In *Schriften*, Bd. 13, S. 267–334 als »Der Autor. Ein Fastnachts-Schwank«.

»Das jüngste Gericht. Eine Vision«. S. 221–246. *Schriften*, Bd. 9, S. 339–359.

»Epicoene oder Das stumme Mädchen«. Ein Lustspiel des Ben Jonson, S. 259–458. *Schriften* Bd. 12, S. 155–354 (als »Epicoene oder Das stille Frauenzimmer«).

»Anti-Faust oder Geschichte eines dummen Teufels«. Ein Lustspiel in fünf Aufzügen mit einem Prologe und Epiloge. In: NS I, S. 127–159.

»Bemerkungen über Parteilichkeit, Dummheit und Bosheit, bei Gelegenheit der Herren Falk, Merkel und des Lustspiels ›Camäleon‹.« Von Ludwig Tieck. An Diejenigen, die sich unparteilich zu sein getrauen. In: NS II, S. 35–93.

Im April 1801 zog Tieck mit seiner Familie nach Dresden. Dort gewann er Distanz zu den literarischen Fehden in Berlin; obwohl er sich vermutlich nicht aus diesem Grund von Berlin entfernt hatte, suchte er künftig jede Beteiligung an parteilichen Kontroversen zu umgehen. Rückblickend erinnerte er sich ungern an die erste Dresdner Zeit. Sie war überschattet vom Tod des Novalis (25. März 1801) und dem der Eltern (Ostern 1802). Novalis' Vermächtnis im Gedicht »An Tieck« – »Du bist der Erbe meiner Habe« (Musen-Almanach, S. 37) – traf Tieck inmitten einer persönlichen Krisenzeit, die fast zehn Jahre dauern sollte und zusammenfiel mit der Zersplitterung der frühromantischen Kreise, den sog. »Krisenjahren der Frühromantik« (Jos. Körner) (Wanderjahre der Schlegels, Bernhardische Scheidung). Auffallend ist die große Zahl der Werkfragmente oder -pläne, die in dieser Zeit nicht zur Vollendung gelangten (»Niobe«-Drama; »Das Donauweib«; der »Alma«-Roman: daraus nur Sonette erhalten). In diese Jahre ist wohl eine erste ernsthafte Beschäftigung mit dem Katholizismus zu datieren, der für Tieck nun weniger als eine ästhetische Kategorie, sondern vielmehr als ein Lebensinhalt Bedeutung hatte. Das spektakuläre Ereignis der Stolbergschen Konversion im Jahre 1800 zog eine Reihe von Konversionen nach sich, so auch in Dresden (Maria Alberti, Rumohr, die Riepenhausens). Dorothea Tieck äußerte später Luise Hensel gegenüber, die Konversion ihrer Mutter sei von der Anregung des Vaters ausgegangen (Franz Binder: Luise Hensel. Ein Lebensbild nach gedruckten und ungedruckten Quellen, Freiburg im Breisgau 1885, S. 312). Man kann sicherlich annehmen, daß Tieck, besonders in der Zeit zwischen 1801 und 1806 eine Konversion ernsthaft erwogen hat (vgl. den Brief an Fr. Schlegel 16. Dez. 1803). Im Umlauf befindliche Gerüchte um seinen Übertritt dementierte er nicht, vollzog einen solchen Schritt letzten Endes aber nie.

Bemerkenswert sind Tiecks vielfältige gesellschaftliche und künstlerische Beziehungen in der Dresdner Zeit; sie zeigen, wie sehr seine Fähigkeit geschätzt war, anderen Gesprächspartner und Anreger zu Gedanken und Gesinnungen zu sein. Er besuchte Häuser, in denen Gastlichkeit und Gesellschaftskultur gepflegt wurden. Wie schon in Jena waren seine Dichterlesungen berühmt, die er vornehmlich im Hause der romantikerfreundlichen Familie Ernst (A. W. und Fr. Schlegels Schwester) abhielt. Er führte mit Steffens Gespräche über Naturmystik und engagierte sich als Förderer junger romantischer Dichter, wie Achim von Arnim. Er war mit den Dresdner Malern Anton Graff (1736–1813), Franz Gareis (1775–1803, verlobt mit Luise Reichardt) und Ferdinand Hartmann (1774–1842) befreundet. Literar- und kunsthistorisch bedeutungsvoll wurde die Begegnung Tiecks mit Philipp Otto Runge. Wie bei Novalis, aber ohne die innige Vertrautheit jener Freundschaft, wirkte Tieck auf Runge durch anregendes Gespräch und vor allem den Hinweis auf Böhme, der für Runges Kunst richtungweisend wurde. Die religiöse Verehrung der Kunst in den Schriften Tiecks und Wackenroders kannte Runge bereits; in seiner Einstellung zur Dresdner Akademie und teilweise auch zu Goethe, ließ er sich direkt von Tieck beeinflussen. Inwiefern andere direkte Anregungen von seiten Tiecks wirksam wurden, läßt sich nicht eindeutig bestimmen; es ist anzunehmen, daß Runge im Umgang mit Tieck allgemein die Geisteshaltung der Zeit rezipiert hat. Ebenfalls von Tieck erhielt Runge den Anstoß, sich mit mittelalterlicher Kunst zu befassen (vgl. Runges Zeichnungen zu Ossian und den Heymonskindern). Ausdruck ihrer Beziehung sind Runges Vignetten zu den »Minneliedern aus dem Schwäbischen Zeitalter«; in ihnen sind literarisches Mittelalter und die Naturmystik eines Jacob Böhme vereinigt. Die Freundschaft dauerte bis zum Beginn von Tiecks Wanderleben 1804.

Briefwechsel Tieck–Runge in: Philipp Otto Runge: Hinterlassene Schriften. Herausgegeben von dessen ältestem Bruder. Hamburg: Perthes 1840–41. Neudruck Göttingen 1965.
J. B. C. Grundy: Tieck and Runge. A Study in the Relationship of Literature and Art in the Romantic Period with Especial Reference to »Franz Sternbald«, Straßburg 1930, Studien zur deutschen Kunstgeschichte 270.

Otto Böttcher: Philipp Otto Runge. Sein Leben, Wirken und Schaffen, Hamburg 1937.

Gunnar Berefelt: Philipp Otto Runge zwischen Aufbruch und Opposition 1777–1802. Stockholm-Göteborg-Uppsala 1961, Stockholm Studies in History of Art 7.

Christa Franke: Philipp Otto Runge und die Kunstansichten Wackenroders und Tiecks, Marburg 1974, Marburger Beiträge zur Germanistik 49.

Jörg Traeger: Philipp Otto Runge und sein Werk. Monographie und kritischer Katalog, München 1975.

Konrad Feilchenfeldt: Runge und die Dichter. In: JDSG 21, 1977, S. 297–326.

Siegfried Krebs: Philipp Otto Runges Entwicklung unter dem Einflusse Ludwig Tiecks. Heidelberg 1909.

Drei Werke, deren Anfänge noch in der Dresdner Zeit liegen, können als letzte Zeugnisse von Tiecks Zugehörigkeit zur literarischen Romantik gelten: der »Musen-Almanach für das Jahr 1802«, »Der Runenberg« und »Kaiser Octavianus«. Im »Musen-Almanach« stellten sich die Berliner und Jenaer Romantikerkreise in einem »zwiefachen dichterischen Todtenopfer« (Köpke I, S. 297) – für Auguste Böhmer und Novalis – zum letzten Mal gemeinsam dar: Tieck, A. W. und Fr. Schlegel, das Ehepaar Bernhardi, Wilhelm von Schütz, Schelling (unter dem Pseudonym ›Bonaventura‹). Textgeschichtlich ist der »Almanach« bedeutend, denn er enthält den Erstdruck von Novalis' »Geistlichen Liedern« und die Ankündigung des »Heinrich von Ofterdingen« – gewissermaßen eine Anzeige der Ausgabe von Novalis' »Schriften«, die Tieck und Friedrich Schlegel 1802 publizierten (s. u.). Tiecks wesentlichster Beitrag ist die lange Schauerballade »Die Zeichen im Walde«, in der ähnliche Motive wie in »Der getreue Eckart« verarbeitet sind.

Margret Staub: Die spanische Romanze in der Dichtung der deutschen Romantik mit besonderer Berücksichtigung des Romanzenwerkes von Tieck, Brentano und Heine. Untersuchung zur vergleichenden Literaturgeschichte, Diss. Hamburg 1970, S. 59–92.

In der Märchenerzählung »Der Runenberg« nimmt Tieck die Stimmung des Unheimlichen, des Ausgeliefert-Seins, der Einsamkeit aus dem »Blonden Eckbert« auf; angeregt durch die naturphilosophischen Gespräche mit Steffens wird die mineralische Welt im »Runenberg« zum Symbol für Magie und Eros. Das Motiv des Unterirdischen ist im Zusammenhang mit zentralen Themen bei Novalis zu sehen, die in der Nachfolge bei G. H. Schubert, Arnim und E. T. A. Hoffmann als Symbole für ein Erweitern und Erkennen des Selbst stehen. Das breit angelegte Doppeldrama

»Kaiser Octavianus« gilt als poetisches Gegenstück zu den theorie-bildenden Berliner Vorlesungen A. W. Schlegels oder zu Fr. Schlegels »Europa«-Aufsätzen. Daß Tieck selbst seinem Werk programmatische Bedeutung beimaß, ist daraus zu ersehen, daß er es an den Anfang seiner 1828 herausgegebenen »Schriften« gestellt hat. Im allegorischen Auftritt der Romanze, begleitet von ihren Eltern, dem Glauben und der Liebe, wird die romantische Poesie verherrlicht, deren reinster und schönster Ausdruck in einer mythischen Vorzeit liegt; jedoch kann sie in der Evozierung von ritterlichem Mittelalter (Volksbuch) und Frömmigkeit wieder zur Erscheinung gebracht werden. In diesem Sinne sind auch die abschließenden Verse programmatisch zu verstehen: »Mondbe-glänzte Zaubernacht,/ Die den Sinn gefangen hält,/ Wundervolle Märchenwelt,/ Steig' auf in der alten Pracht!« Nur die Freiheit des poetischen Geistes vermag Getrenntes zu vereinen, eine Welteinheit zu konstituieren (»was schien zu trennen«, aber »was alles band«). Diese Vorstellung wird gelegentlich bildhaft mit den naturmystischen Ideen Jacob Böhmes verbunden:

> Wie beglückt, wer auf den Flügeln
> Seiner Phantasieen wandelt,
> Erde, Wasser, Luft und Himmel
> Sieht er in dem hohen Gange.
> Aufgeschlossen sind die Reiche
> Wo das Gold, die Erze wachsen,
> Wo Demant, Rubinen keimen,
> Ruhig sprießen in den Schaalen.

Als Universalpoesie oder Gesamtkunstwerk vereinigt das Drama Theater, Musik und allegorisch-bildhafte Darstellung, wobei nicht nur Shakespeare und Calderón sondern auch das Fastnachtspiel als Vorlage dienten. Formal hat das Werk etwas Virtuos-Verwirrendes an sich. Bemerkenswert ist die Virtuosität, mit der verschiedenste lyrische Formen verarbeitet werden (»Es schien mir gut, fast alle Versmaße, die ich kannte, ertönen zu lassen«, Vorbericht zu Bd. 1 der »Schriften«, S. XXXIX), die auch an Sprachfluß und Symbol-kraft nur von dem Werk übertroffen wird, das dem »Kaiser Octavianus« in Umfang und Konzeption am nächsten steht: »Faust II«.

»Musen-Almanach für das Jahr 1802«. Herausgegeben von A. W. Schlegel und L. Tieck. Tübingen: Cotta 1802. (Bedeutende Besprechung durch *Bernhardi* in: Kynosarges. Eine Quartal-Schrift, 1. Stück, Berlin: Frö-lich, 1802, S. 121–153). Neudruck Heidelberg 1967.
»Der Runenberg«. In: Taschenbuch für Kunst und Laune. Köln: Haas und

Sohn 1804, 3. Jg. *Phantasus*, Bd. 1, S. 239–272. *Schriften*, Bd. 4, S. 214–244.

dazu: *Paul Gerhard Klussmann*: Die Zweideutigkeit des Wirklichen in Ludwig Tiecks Märchennovellen. In: ZfdPh 83, 1964, S. 426–452. *Segebrecht*, S. 352–385. *Dieter Arendt*: Der ›poetische Nihilismus‹, S. 257–303. *Norbert Mecklenburg*: ›Die Gesellschaft der verwilderten Steine‹. Interpretationsprobleme von Ludwig Tiecks Erzählung ›Der Runenberg‹. In: *Der Deutschunterricht* 34 (1982) S. 62–76.

»Kaiser Octavianus«. Ein Lustspiel in zwei Theilen von Ludwig Tieck. Jena: Frommann 1804. *Schriften*, Bd. 1, dazu: *Ernst Lüdtke*: Ludwig Tiecks »Kaiser Octavianus«. Ein Beitrag zur romantischen Geistesgeschichte, Diss. Greifswald 1925.

Anneliese Bodensohn: Ludwig Tiecks »Kaiser Octavian« als romantische Dichtung, Frankfurt 1937, Frankfurter Quellen und Forschungen zur germanischen und romanischen Philologie 20, Nachdruck Hildesheim 1973.

Ernst Halter: Kaiser Octavianus. Eine Studie über Tiecks Subjektivität, Diss. Zürich 1967.

In der Dresdner Zeit begann Tieck mit einem intensiven Studium der altdeutschen Literatur, das ihn zunächst 1803 zu einer Ausgabe der »Minnelieder aus dem Schwäbischen Zeitalter« veranlaßte (zu Tiecks altdeutschen Studien s. u.). Dresden bot für Tieck keine Gelegenheit, sich einen dauernden Lebensunterhalt zu sichern; im Jahre 1801 bemühte sich Brentano, Tieck als Dramaturg an das Theater in Frankfurt am Main zu vermitteln, die Stelle wurde jedoch anderweitig vergeben. (Eine Studie über Brentano und Tieck, die höchst aufschlußreich wäre, fehlt leider bislang. Brentano hat die früher von Tieck gegen ihn gerichteten literarischen Spötteleien in keiner Weise übel genommen und sich in dieser Zeit wie kein anderer für ihn eingesetzt.) Im selben Jahr nahm Tieck die alte freundschaftliche Verbindung zu Burgsdorff wieder auf, der eine lange Kavaliersreise nach Frankreich und England unternommen hatte und nun mit neuen Erfahrungen zurückgekehrt wieder in auch von Tieck besuchten Gesellschaftskreisen verkehrte. Auf Burgsdorffs Einladung hin zog die Familie Tieck nach Ziebingen bei Frankfurt an der Oder, dem Landgut Burgsdorffs, wo die Familie fast ständig und Tieck mit größeren Unterbrechungen bis 1819 wohnte. Die Einladung verhieß Tieck eine unkomplizierte Lösung aller finanziellen Probleme, – was auch seinen ihm mehr oder weniger gut gesonnenen Zeitgenossen nicht entging. Gerüchte über eine Liebesbeziehung zwischen Amalie Tieck und Burgsdorff blieben nicht aus. Mit der Übersiedlung nach Ziebingen veränderte sich Tiecks soziale Umgebung. Ihm, der sich schon in der gemischten Gesellschaft der Berliner Salons am wohlsten gefühlt

und den Umgang mit der adeligen Familie Hardenberg dem
»Mordnest Jena« (so Caroline Schlegel) vorgezogen hatte, gelang
nun mühelos der Übergang von der bürgerlichen Welt um die
Brüder Schlegel und ihrer Anhänger in die Welt des alten märkischen Adels. Sehr bald wurde er mit dem Kreis um die mit
Burgsdorff verwandte reichsgräfliche Familie Finckenstein bekannt. Auf dem benachbarten Gut Madlitz, dem Sitz der Familie
um den demissionierten Regierungspräsidenten Friedrich Ludwig
Karl Finck von Finckenstein (1745–1818), bemühte man sich um
die Pflege der Künste, vor allem der Musik und der Literatur. Hier
wurde Tieck verehrt und als ebenbürtig aufgenommen, wie auch
sein ehemaliger Schulfreund, der Bürgersohn Wilhelm (von) Schütz
(1776–1847) und der Architekt Hans Christian Genelli
(1763–1823), der Haus und Park in Ziebingen und Madlitz mit
umgestaltet hatte. (Schütz war mit einer Tochter Finckensteins
verheiratet, Genelli lebte mit einer zweiten in ehelicher Gemeinschaft). In das Jahr 1803 ist vermutlich der Anfang der Liebesbeziehung zwischen Tieck und der Gräfin Henriette von Finckenstein,
der dritten Tochter Finckensteins (1774–1847), zu datieren; Henriette war bis zu ihrem Tod seine »Freundinn« und Gefährtin.
Tieck hat, obwohl dieses Verhältnis sein Ehe- und Familienleben
belastete, die Ehe mit Amalie Alberti nie formal aufgelöst. Eine
Heirat mit Henriette von Finckenstein war vermutlich wegen
seiner bürgerlichen Herkunft ausgeschlossen. Der Familien- und
Freundeskreis mißbilligte diese Beziehung eher; noch 1870 fand
Köpke das Ansinnen einer Schriftstellerin, diese Liebe zu erwähnen, einen »entsetzlichen Gedanken« (an Fr. von Uechtritz,
Erinnerungen an Friedrich von Uechtritz und seine Zeit in Briefen
von ihm und an ihn, Leipzig 1884, S. 373).

Zu Ziebingen: *Helmut Sembdner*: Schütz-Lacrimas. Das Leben des Ro-
mantikerfreundes, Poeten und Literaturkritikers Wilhelm von Schütz
(1776–1847), Berlin 1974.
Hans Ebert: Über Hans Christian Genelli und seine Beziehungen zum
Berliner Kultur- und Geistesleben um 1800. Zum 150. Todestag des
Architekten und Gelehrten. In: Staatl. Museen zu Berlin. Forschungen
und Berichte, Bd. 17, Kunsthist. u. volkskundl. Beiträge, Berlin 1976, S.
175–188.
Josef Körner: Geheimnis um Ludwig Tieck. In: Der kleine Bund, Jg. 19,
Nr. 44, 30. Okt. 1938, S. 353–4, Nr. 45, 6. Nov. 1938, S. 365–68.

In der ersten Ziebinger Zeit entfernte sich Tieck zunehmend von
Frau und Kindern und geriet in eine anhaltende Krise. Eine
Erklärung für seine häufige Abwesenheit von Ziebingen mag in der
schwierig und belastend gewordenen familiären Situation zu finden

sein. Auch bedurfte seine Schwester Sophie in dieser Zeit seiner Unterstützung. Ihre unglückliche Ehe mit Bernhardi ließ sie verstärkt die Hilfe und Nähe der Brüder suchen. Schon seit 1801 war Sophie in ein Liebesverhältnis mit A. W. Schlegel verwickelt gewesen, noch stärker und leidenschaftlicher war ihre Zuneigung für den Baron Karl Gregor von Knorring (1769–1837) aus Livland. Seit Juli 1803 lebte Sophie nicht mehr bei ihrem Mann; zuerst fand sie mit ihren Söhnen Zuflucht in Dresden und Weimar, ab Anfang 1805 in München. Die Parteinahme Tiecks für seine Schwester führte zu einer Distanzierung von Bernhardi und dessen Kreis, ab 1805 zum endgültigen Bruch.

Die Sommerreise nach Süddeutschland, die Tieck mit Burgsdorff im Juni–Juli 1803 von Dresden aus unternahm, war vielleicht ein Versuch, der Lebensrealität in die Vergangenheit zu entfliehen. Die Reiseabschnitte jener berühmten Pfingstreise mit Wackenroder wurden nachvollzogen (Fichtelgebirge, Pommersfelden, Bamberg, Nürnberg). In Erlangen traf Tieck den Pastor und Maler Müller-Kenner Johann Philipp Le Pique (1776–1815), der ihn an den Heidelberger Professor Karl Philipp Kayser (1773–1827) weiter empfahl. Aus Kaysers Aufzeichnungen geht hervor, daß sich Tieck damals noch selbstbewußt als Romantiker darstellte und die alte, eigentlich schon brüchig gewordene Kunstreligion mit Überzeugung vertrat (die Zweifel daran sind u. a. im langen ›Beichtbrief‹ an Fr. Schlegel, 16. Dez. 1803, formuliert).

Percy Matenko: Tieck's Diary Fragment of 1803 and his Novelle *Eine Sommerreise*. In: JEGP 36, 1937, S. 83–102.
Aus gärender Zeit. Tagebuchblätter des Heidelberger Professors Karl Philipp Kayser aus den Jahren 1793 bis 1827, hg. *Franz Schneider*, Karlsruhe 1923, Vom Bodensee zum Main Nr. 24.

Von Juli 1803 bis November 1804 wechselte Tieck häufig seinen Aufenthaltsort zwischen Ziebingen und Dresden, was der einzigen intensiven Arbeit in dieser Zeit, der geplanten Bearbeitung des »Nibelungenliedes« (s. u.) nicht gerade förderlich war. Jedoch ist die deutliche Abnahme seiner poetischen Produktion nicht ausschließlich auf sein unstetes Leben zurückzuführen; vielmehr ist eine Zunahme wissenschaftlich-historischer Studien zu beobachten, die im Zusammenhang mit dem Cervantes-Projekt und seiner Beschäftigung mit der deutschen Barockliteratur stehen. Die poetische und theoretische Grundlegung der Jenaer Romantik wurde von ihren Hauptvertretern zum Teil durch gelehrt-akademische Arbeit fortgesetzt, die vor allem die Literatur des deutschen Mittelalters dem zeitgenössischen Leser zugänglich machen sollte (vgl. dazu Fr. Schlegels Pariser Studien, A. W. Schlegels Berliner

Vorlesungen und Mittelalter-Studien). Auch Tiecks erster Versuch, 1804 in Heidelberg einen Lehrstuhl für Literatur zu erhalten, ist in diesem Kontext zu sehen. Wiederum Brentano hatte sich, unterstützt von seinem Schwager Friedrich Karl von Savigny (1779–1861) und dem Philologen Friedrich Creuzer (1771–1858), um eine Vermittlung Tiecks bemüht, allerdings ein zweites Mal ohne Erfolg.

Gisela Brinker-Gabler: Tieck und die Wissenschaft. In: JFDH 1976, S. 168–177.

Im Dezember 1804 verließ Tieck in fluchtartiger Eile Ziebingen und begleitete seine Schwester mit ihren Kindern nach München. München war die erste Etappe einer Reise nach Italien, ein langgehegter Wunsch der Geschwister Tieck. Für Sophie verband sich mit einem Italienaufenthalt allerdings auch die Aussicht, vor dem Zugriff der Behörden – Bernhardi hatte sie des Kinderraubs bezichtigt – sicher zu sein. In München setzte Tieck seine »Nibelungen«-Studien fort und schloß mit dem Göttinger Verleger Dieterich einen Vertrag über eine Edition ab. Neben Franz von Baader lernte er in München Carl Friedrich von Rumohr (1785–1843) kennen, einen genialen, freigiebigen, aber schwierigen Privatgelehrten und Kunsthistoriker, dem er sich in enger Freundschaft anschloß. Mit Selbstlosigkeit pflegte Rumohr Tieck während einer rheumatischen Krankheit, von der Tieck im Winter und Frühling heimgesucht wurde. Im Juli folgte er Sophie und Knorring, die bereits vorausgeeilt waren, in Begleitung von Rumohr, dessen jungen Freunden, den Brüdern Riepenhausen und seinem Bruder Friedrich nach Rom. Dort fand er über die Kontakte seiner Geschwister Zugang zu verschiedensten Gesellschaftskreisen: Sophie führte ihn in den Kreis um Wilhelm und Karoline von Humboldt, wo er Coleridge begegnete, und um die Erzherzogin Maria Anna von Österreich ein – von ihr erhoffte sich Sophie Protektion gegen Bernhardi. Über Friedrich lernte er die neuklassizistische Künstlergesellschaft um Thorwaldsen kennen und den Maler Gottlieb Schick (1776–1812). Auch Maler Müller gehörte zum gemeinsamen Bekanntenkreis und er beauftragte Tieck mit einer Ausgabe seiner Dichtungen. Eine persönliche Begegnung mit August Wilhelm Schlegel und Mme. de Staël in Rom konnte nicht mehr stattfinden – sie waren bereits abgereist. Mme. de Staël setzte sich sehr für eine Verbreitung von Tiecks Namen und Ruhm in Frankreich ein. In Rom zeichnete Tieck sich wieder einmal durch ein geschicktes Lavieren zwischen verschiedensten Gesellschaftskreisen aus, durchaus nicht nur romantisch gesonnenen.

Er war überall beliebt und gerne gesehen, was umso erstaunlicher ist, als er gezwungen war, bei Freunden und Gönnern Geldanleihen zu machen. In der Vatikanischen Bibliothek hatte Tieck die Gelegenheit, die Heidelberger Handschrift des »Nibelungenliedes« einzusehen, auf der Rückreise im Sommer 1806 studierte er mit Rumohr die St. Gallener Handschrift. Seine Reiseeindrücke, vor allem vom Leben des Volkes und den Kunstschätzen Italiens sind in den »Reisegedichten eines Kranken« und »Rückkehr des Genesenden« niedergelegt, die zu seinen geglücktesten Gedichten gehören.

Carl Friedrich von Rumohr: Drey Reisen nach Italien. Erinnerungen, Leipzig 1832.

Kurt Schneider: Carl Friedrich von Rumohr als Schriftsteller. Ein Beitrag zur Literaturgeschichte zwischen Romantik und Realismus, Diss. Masch. Würzburg 1950 (dort über den Einfluß Tiecks auf Rumohrs Novellistik).

Luise Charlotte Pickert: Die Brüder Riepenhausen. Darstellung ihres Lebens bis zum Jahre 1820. Versuch einer Einordnung in die künstlerischen Strömungen der Zeit, Diss. Masch. Leipzig 1950.

James Trainer: Anatomy of a Debt: Friedrich ›Maler‹ Müller and the Tiecks. With Unpublished Correspondence. In: Oxford German Studies 11, 1980, S. 146–177.

E. C. Stopp: The Place of Italy in the Life and Works of Ludwig Tieck, Diss. Masch. Cambridge 1937 [bes. zu den »Reisegedichten«].

»Reisegedichte eines Kranken«. In: Gedichte von L. Tieck. Dritter Theil. Dresden: Hilscher 1823, S. 98–235. »Rückkehr des Genesenden«, ebda., S. 236–280.

Auf der Rückreise nahm Tieck in Mannheim mit Le Pique den Plan einer Maler Müller-Edition wieder auf; in Heidelberg sprach er mit Creuzer und Brentano über Übersetzungsprojekte und mittelalterliche Geschichte. Die Verehrung für Goethe verband ihn mit Bettina Brentano, die er in Frankfurt kennenlernte, sowie mit dem Dänen Adam Oehlenschläger (1779–1850), den er in Weimar traf – jedoch waren beide keine kongenialen Gesprächspartner für ihn. Unmittelbar nach der großen Niederlage Preußens, im Oktober 1806, kehrte Tieck nach Ziebingen zurück; wegen der Einquartierung von Soldaten, aber auch wegen Plünderungen mußte seine Familie zwischen 1806 und 1808 gelegentlich auf Burgsdorffs Gut Sandow bei Crossen ausweichen. Hier traf ihn im Oktober 1807 Achim von Arnim, der ihn bei seinen altdeutschen Arbeiten und wiederaufgenommenen elisabethanischen Studien (es handelte sich um den Plan, Schlegels Shakespeare-Übersetzung fortzuführen) unterstützte. Abermals gelangen Tieck in dieser Zeit nur literarische Versuche und Fragmente: der Anfang einer Übersetzung von »Love's Labour's Lost«, das bislang in keine Tieck-Ausgabe aufgenommene Lustspiel »Der neue Don Carlos«, das schon deswegen Beachtung verdient, weil Tieck darin merklich von den früheren Märchenkomödien abrückt und die komödienhafte Situationskomik der Dresdner Novellen vorwegnimmt. Ein Bruchstück seiner »König Rother«-Bearbeitung überließ er Arnim für einen Abdruck in der ›Zeitung für Einsiedler‹. In diese Zeit fiel auch die Bekanntschaft mit Friedrich Heinrich von der Hagen (1780–1865) und die Beteiligung an dessen Mittelalter-Arbeiten (s. u.).

Zur »Love's Labour's Lost«-Übersetzung: H. Lüdeke: Zur Tieck'schen Shakespeare-Übersetzung. In: JdShG 55, 1919, S. 1–29.
»Der neue Don Carlos. Posse in drei Acten« (1807–8). Veröff. Alfred Puhan: M. A. Diss. Cincinatti 1937. – Hs.: N.

Anläßlich eines Besuches bei von der Hagen in Berlin, im Sommer 1808, lernte Tieck den Philosophen Karl Wilhelm Ferdinand Solger (1780–1819) kennen; der geistige Austausch mit Solger übte vor allem nach 1811 auf Tiecks Dichtung und ästhetische Anschauungen einen entscheidenden Einfluß aus. Kurz darauf begegnete er in Dresden Heinrich von Kleist und Adam Müller. Ungeachtet der Verschiedenheit ihrer dichterischen Entwicklung schätzten sich Kleist und Tieck gegenseitig sehr. Als ein Zeichen von Kleists Achtung kann angesehen werden, daß er auf eine Bemerkung Tiecks hin eine ganze Szene aus dem in Entstehung begriffenen »Käthchen von Heilbronn« gestrichen hat; offenbar hat die betreffende Szene mit Tiecks »Donauweib« Ähnlichkeit gehabt. In der Fortsetzungsanzeige von Müllers und Kleists Zeitschrift ›Phöbus‹ wird Tieck neben Fr. Schlegel – irrtümlicherweise oder in der Hoffnung auf Beiträge – als Mitarbeiter genannt (vgl. Heinrich von Kleists Lebensspuren. Dokumente und Berichte der Zeitgenossen. Hg. v. Helmut Sembdner, Bremen, ²1964, Sammlung Dieterich 172, S. 244, 263–5).

Tieck zog 1808 nach Wien, wo sich seit dem Frühjahr 1808 seine Schwester nach der Rückreise von Italien aufhielt. In Wien nahm er die Verbindung zu Dorothea und Friedrich Schlegel wieder auf, deren Konversion eben bekannt geworden war. Für Tieck von Wichtigkeit war die Bekanntschaft mit den Brüdern Heinrich (1771–1811) und Matthäus (1779–1824) von Collin, die ihn für eine Stelle in der Direktion des Burgtheaters gewinnen wollten. Er lernte auch Beethoven kennen, zeigte jedoch wenig Verständnis für dessen Musik. Ende des Jahres 1808 folgte Tieck seiner Schwester nach München. Sophies Befürchtungen hinsichtlich des Ausgangs des Scheidungsprozesses sollten sich in München bewahrheiten. Trotz hoher Protektionen waren ihr von gerichtlicher Seite die beiden Söhne abgesprochen worden. Im Dezember 1808 erschien Bernhardi überraschend in Sophies Wohnung, um die Kinder mit sich zu nehmen. Nach langen Verhandlungen ließ Bernhardi den Sohn Felix Theodor (1802–1885) bei ihr (den späteren Diplomaten und Historiker). Erst 1811/12 fuhr Sophie, die inzwischen Knorrings Frau geworden war, mit ihrem Mann und Felix nach Estland. Durch diesen Scheidungsprozeß und seine Folgen spaltete sich der Freundeskreis in parteiische Gruppen: um Bernhardi scharten sich Fichte, Schütz und Fouqué, sowie die Mehrzahl der Berliner Schriftsteller und Gelehrten, während die Tiecks und die Schlegels die Gegenpartei bildeten. Durch ihre häufigen Geldanleihen (»Pumpgenies«, Arno Schmidt) bei Freunden hatten sich die Tiecks in München unbeliebt gemacht, vor allem im Umkreis von Schelling und den Brentanos (besonders peinlich war die Schuldenaffaire mit Savigny); dies führte zu weiteren Parteibildungen; auch die Grimms schlossen sich der Haltung der Brentanos an. Dennoch pflegte Bettina, die Tieck sehr zugetan war (sie liebte ihn »unendlich sehr«), ihn während einer wiederholt schweren Krankheit im Winter 1808/9. In München traf Tieck den jungen Kunstkenner Sulpiz Boisserée (1783–1854) und wurde persönlich mit dem Mäzen Kronprinz (späterer König) Ludwig von Bayern bekannt, der Tiecks Dichtungen und Friedrich Tiecks Kunst (ab 1809 mit Auftragswerken in München beschäftigt) überaus schätzte. Am herzlichsten schloß sich Tieck Friedrich Heinrich Jacobi (1743–1819) an: In ihm verehrte er den Vertreter der Goethegeneration. Erst im Sommer 1810, nach einem Kuraufenthalt in Baden-Baden, kehrte Tieck, nachdem er zwei ganze Jahre von der Familie fern gelebt hatte, nach Ziebingen zurück. Gerüchte von einer Ehescheidung waren vor allem im Brentano-Kreis während seines Münchner Aufenthalts laut geworden.

Über den Verlauf der Bernhardischen Ehekrise s. *Eugen Klin*: August Ferdinand Bernhardi als Kritiker und Literaturtheoretiker; und mit peinlicher Ausführlichkeit: *Josef Körner* (Hg.). Krisenjahre der Frühromantik. Briefe aus dem Schlegelkreis, Bd. 1–2, Brünn-Wien-Leipzig 1936–7, Bd. 3, Bern 1958.
Aus dem Leben *Theodor von Bernhardis*. Erster Theil: Jugenderinnerungen, Leipzig 1893.

(b) Tiecks Mittelalter-Studien

Während seiner ›Wanderjahre‹ widmete sich Tieck intensiv – und bisweilen leidenschaftlich – dem Studium der mittelalterlichen

Literatur. Vor 1799 hatte sein Interesse eher dem Volksbuch und der Literatur des 16. und 17. Jh.s gegolten; schon durch Wackenroder und den Aufenthalt in Nürnberg war seine Aufmerksamkeit auf das Mittelalter gelenkt worden. Eigentlich erst durch die Freundschaft mit August Wilhelm Schlegel, dessen von Bürger geförderten Dante-Studien die romantische Beschäftigung mit dem Mittelalter einleiteten, kam Tieck zu einem ernsthaften Studium dieser Literatur. Er konnte dabei auf die vorbildhaften Bemühungen Bodmers, Breitingers, Myllers, Gleims, Eschenburgs oder Gräters zurückgreifen. Es war aber erst um 1800 möglich, einem breiteren Lesepublikum das nun als Nationalepos gefeierte »Nibelungenlied« oder den besonderen Klang der mittelhochdeutschen Poesie zu vermitteln. Textgrundlage der Übersetzung mittelalterlicher Dichtung, die unter dem Titel »Minnelieder aus dem Schwäbischen Zeitalter« erschien, war die von Bodmer und Breitinger 1758–59 zusammengestellten Texte der Manesseschen Handschrift. Zu der Entscheidung, die Texte zu modernisieren, veranlaßten ihn weniger Überlegungen im Sinne von Gleims Nachdichtungen als die Absicht, zu der sich auch Arnim, Brentano und Görres bekannten, über eine breite Rezeption des Mittelalters das nationale Bewußtsein zu erwecken und dadurch die Grundlage für nationale – und poetische – Erneuerung zu schaffen. Er glich den Sprachgestus seiner Bearbeitung sowohl an den naiven Ton der Volksbücher an als auch an die Klanglichkeit romantischer Stimmungspoesie. Das ›romantische‹ Zeitalter wurde bewußt idealisiert mit ausdrücklichem Bezug auf den Kanon romantischer Dichtung (Dante, Calderón, Shakespeare) und unhistorisch als Vorbild im Sinne der nationalen Einheit verherrlicht (vgl. »Die Christenheit oder Europa«, Görres' Vorrede zu den »Teutschen Volksbüchern«).

»Minnelieder aus dem Schwäbischen Zeitalter« neu bearbeitet und herausgegeben von Ludewig Tieck. Mit Kupfern [von Runge]. Berlin: Realschulbuchhandlung 1803; Neudruck Hildesheim 1966. Vorrede (als »Die altdeutschen Minnelieder«) in KS I, S. 185–214.
Handschriftlicher Entwurf zu den »Minneliedern« in Staatsbibl. Preußischer Kulturbesitz/Berlin.

Trotz seiner Beteuerung, er schreibe nicht für Gelehrte, ist festzustellen, daß Tieck in seinen Arbeiten sehr wohl wissenschaftlichen Ansprüchen genügen wollte und genaue Textstudien betrieb. Im Umkreis seiner »Nibelungen«-Forschung verglich er die Handschriften in München, Rom und St. Gallen textkritisch miteinander. In der Vatikanischen Bibliothek fertigte er Abschriften aus dem »Heldenbuch« an, von »König Rother«, »Dietrichs Flucht« und der »Rabenschlacht«. Diese wichtigen Vorarbeiten waren die Grundlage für Friedrich Heinrich von der Hagens spätere Editionen. Tieck stellte ihm in seiner selbstlosen Großzügigkeit gegenüber der jungen Dichter- und Gelehrtengeneration die »Nibelungen«-Abschriften und -Übertragungen sowie die Kopien aus dem »Heldenbuch« zur Verfügung. Er gab zugunsten Hagens wissenschaftlichen Arbeiten seine »Nibelungen«-Bearbeitung auf und unterstützte den neuen Freund mit dem Rat des Erfahreneren. Aus der »Heldenbuch«-Abschrift, die Tieck ca. 1807 für den Heidelberger Verleger Zimmer zur Publikation vorbereitete, wurde nur das »König Rother«-Fragment in der ›Zeitung für Einsiedler‹ veröffentlicht. Bis 1815 trug sich Tieck mit dem Plan einer Ausgabe des »Heldenbuchs« gemeinsam mit von der Hagen, der aber nicht ausgeführt wurde.

Einen Teil von Tiecks »Nibelungen«-Übertragung veröffentlichte *Friedrich Heinrich von der Hagen* in: Germania. Neues Jahrbuch der Berlinischen Gesellschaft für Deutsche Sprache und Alterthumskunde 10, 1853, S. 1–16: Das Lied der Niebelungen. Ein Altdeutsches Episches Gedicht neu bearbeitet und herausgegeben von Ludwig Tieck. Erstes Buch. Crimhilde und Brynnhilde. In fünf Gesängen.

dazu: *Josef Körner*: Nibelungenforschung der deutschen Romantik, Leipzig 1911, Untersuchungen zur neueren Sprache und Literaturgeschichte NF 9, Neudruck Darmstadt 1968.

Handschriftliche Vorlage N. Kapsel 7.

Von der Forschung bisher weitgehend übersehen ist die interlineare »Nibelungen«-Übertragung in Tiecks Handexemplar von *Christoph Heinrich Myller*: Sammlung deutscher Gedichte aus dem XII., XIII. und XIV. Jahrhundert, Berlin 1784–85, in der British Library. S. *Hewett-Thayer*, Tieck's Marginalia, S. 12–13.

zum »Heldenbuch«: König Rother zieht einer Jungfrau die Schuhe an. Fragment aus einer alten Handschrift bearbeitet von Ludwig Tieck. In: Zeitung für Einsiedler 1808, Nr. 3–5, S. 22–36. *Schriften*, Bd. 13, S. 171–192.

Fragmente einer »Heldenbuch«-Bearbeitung im Nachlaß, Kapsel 7, 13. Längere Abschrift Kapsel 21. Weitere »Heldenbuch«-Abschriften im Märkischen Museum/Berlin–DDR.

Gisela Brinker-Gabler: Ludwig Tieck an Johann Georg Zimmer. Ein Beitrag zum Heldenbuch-Projekt. In: JFDH 1975, S. 235–244.

Alt-Deutsche Epische Gedichte. Großentheils zum erstenmahl aus Handschriften bekannt gemacht u. bearb. von Ludwig Tieck. I: König Rother. Hg. v. *Uwe Meves*. Göppingen 1979. Göppinger Arbeiten zur Germanistik 168.

Eckhard Grunewald: Die »Heldenbilder« der Brüder Tieck. Mit zwei unveröffentlichten Briefen Ludwig Tiecks und Friedrich Heinrich von der Hagens. In: Aurora 43 (1983) S. 134–150.

Während seines zweiten Münchner Aufenthalts 1808/9 stieß Tieck auf Ulrich von Lichtensteins »Frauendienst«, den er 1812 in einer modernisierten Bearbeitung veröffentlichte – der ersten Ausgabe des Dichters überhaupt. Mit dieser Ausgabe, erschienen im Verlag Cottas, konnte er seiner seit langem bestehenden Verpflichtung gegenüber dem Verleger nachkommen.

Frauendienst, oder: Geschichte und Liebe des Ritters und Sängers Ulrich von Lichtenstein, von ihm selbst beschrieben. Nach einer alten Handschrift bearbeitet und herausgegeben von Ludwig Tieck. Stuttgart und Tübingen: Cotta 1812.

Tiecks Mittelalter-Studien sind ihrer Ausrichtung nach eher dem Typus der Arbeiten Hagens, Büschings oder Docens zuzuordnen, bekunden also auch mehr das wissenschaftliche Interesse eines Dichtergelehrten (vgl. Uhland, Simrock, Rückert). Von Lachmann und den Brüdern Grimm, die Textbearbeitungen grundsätzlich, besonders die Publikationen Hagens, ablehnten, wurde Tiecks Leistung anerkannt. Er seinerseits hatte für deren spezialisiert-einseitige Fachgelehrsamkeit wenig Verständnis. Tieck ist aber wie diese zu den Begründern der Germanistik zu zählen. In späterer Zeit beschäftigte sich Tieck mit romanischer Philologie; er unterstützte Fr. W. V. Schmidt und Schack und beteiligte sich an der Dante-Übertragung Prinz Johanns von Sachsen (unter dem Pseudonym Philaletes zunächst veröffentlicht) (dazu *Gertrud Richert*: Die Anfänge der romanischen Philologie und die deutsche Romantik, Halle 1914, Beiträge zur Geschichte der romanischen Sprachen und Literaturen 10.) – Tiecks Notizen zu Philaletes' Dante veröffentlicht bei *Elisabeth Stopp*:

Ludwig Tieck: Unveröffentlichte Aufzeichnungen zu Purgatorio VI–XXXIII anläßlich der deutschen Übersetzung von Philaletes, ediert und erläutert. In: Deutsches Dante Jahrbuch 60, 1985, S. 7–72. Dies.: Ludwig Tieck and Dante, ebda., S. 73–95.)
Zu Tiecks Mittelalter-Studien s. die geradezu vorbildliche und kenntnisreiche Arbeit von *Gisela Brinker-Gabler*: Poetisch-wissenschaftliche Mittelalter-Rezeption. Ludwig Tiecks Erneuerung altdeutscher Literatur, Göppingen 1980, Göppinger Arbeiten zur Germanistik 309.
Uwe Meves: Zu Ludwig Tiecks poetologischem Konzept bei der Erneuerung mittelhochdeutscher Dichtung. In: Mittelalter-Rezeption I, S. 107–126.

(c) Die letzten Ziebinger Jahre 1811–1819

Die Kontinuität in der Entwicklung Tiecks im Zeitraum 1811–1819, also von seinen Wander- und Krankheitsjahren an bis zu seinem Auftreten als Gesellschaftsdichter, ist in der Beziehung zum Ästhetiker und Philosophen Solger belegt. Wie wenig Tieck in diesen Jahren eine eindeutige ›Abkehr von der Romantik‹ (vgl. die einflußreiche, aber im Ansatz umstrittene Arbeit von Rudolf Lieske: Tiecks Abwendung von der Romantik, Berlin 1933, Germanische Studien 134) vollzog, und wie wenig eine *grundsätzliche* Änderung in Tiecks Wesen und Verhalten stattfand, geht aus dem Briefwechsel zwischen Tieck und Solger hervor; stattdessen kann man eher von einer Akzentverschiebung, einem Reifungsprozeß sprechen. Wie früher schon suchte Tieck Freundschaft und Gespräch: der Dichter des »Phantasus« mit dem Verfasser des »philosophischen Lustspiels« (so Tieck) »Erwin«. Solger war der Vertraute und Freund; er war nicht wie Raumer nur lehrender Akademiker, sondern auch Schriftsteller – worin er sich selbst im Gegensatz zu Hegel sah. Im Umgang mit Solger begann Tiecks Auseinandersetzung mit seinen Jugendwerken. Mit Ausnahme seiner ehemals einseitigen mystischen Verehrung Böhmes distanzierte er sich kaum vom früheren Werk und wandte sich ihm im Sinne der Bewahrung und Erneuerung noch einmal zu. Pläne zu einer Bearbeitung des »Zerbino« zeigen eine allmähliche Wandlung des romantischen Lustspiels zum Stil der späteren scherzhaftwitzigen, lustspielhaften Dresdner Novellen. Nach wie vor hält Tieck an den Vorbildern Shakespeare, Cervantes, »Nibelungenlied« fest (weniger Calderón), sie sind für ihn Garanten der ›wahren Poesie‹; gemessen an den in ihnen verbürgten Werten erscheinen ihm gewisse Moden und Tendenzen niveaulos: preußische Kirchenunion, Turnerstreit, Heidelberger und Berliner Romantiker, Goethes Klassizismus. (Er rühmt sich, schon in seiner Jugend nie ausschließlich Anhänger einer extravaganten Mode – sei es im Bereich der Literatur oder Politik – gewesen zu sein.) Das von Jugend an vorhandene Interesse am Nationalen, das während seiner Wanderjahre sogar positiv-produktiv gewirkt hatte, erscheint nun in der Beschäftigung mit dem Nationaldichtertum und Pflichtbewußtsein (Amt), ohne daß er sich dadurch zu einseitigen pathetischen Reaktionen auf die nationale Erhebung und deren Folgen veranlaßt gesehen hätte. Durch Editionen, beispielsweise die von Novalis' Werken bewahrt er das Andenken an verstorbene Freunde der frühromantischen Zeit und bekräftigt damit gleichzeitig die Gültigkeit seiner oder gemeinsamer früherer Bemühungen –

worin eine Kritik an Goethe impliziert sein mag. In einer Hinsicht wurde Tieck ganz eindeutig von Solgers Philosophie vom »positiven Nichts« beeinflußt. In dem großen Bekenntnisbrief an Solger vom 24. 3. 1817 heißt es: »Himmel, Erde, Religion, wie Gemüth, Ernst und Scherz, Gott und die Liebe, Alles schwebte plötzlich wieder verklärt in jenem Gleichgewichte, in welchem meine Jugend und mein Leichtsinn sie ahndend gesehn hatten« (Tieck-Solger, S. 364). Es ist die Überwindung eines Dualismus oder einer weltfernen Mystik im Sinne Jacob Böhmes; statt dessen gelangt er zu einer Weltbejahung, die die Welt als den Ort ansieht, an dem das Absolute in die Sphäre des Bösen, des Nichts eingreift und eine Versöhnung erreicht. Es ist die Wiedererlangung der freischwebenden Ironie, durch die alle Erscheinungen des menschlichen Lebens durch den Eingriff des Absoluten – im Wunderbaren – miteinander versöhnt werden, statt in Wirklichkeiten, Mystisches und Alltägliches gespalten zu sein. Für Tiecks Novellentheorie und -praxis und überhaupt für sein Spätwerk aus der Dresdner Zeit bedeutete dieses Denken eine entscheidende Wende und erlaubte ihm ein anderes, souveränes Reagieren auf das eigene Zeitgeschehen.

dazu: Tieck and Solger; The Complete Correspondence.
Erich Schönbeck: Tieck und Solger, Diss. Berlin 1910. und bes.: *Manfred Franks* Kommentar zum »Phantasus«-Band in der Ausgabe des Deutschen Klassiker Verlags, S. 1174–1199.

In diesen Jahren scheute Tieck vor einer Zugehörigkeit zu bestimmten literarischen Kreisen zurück. Akademiker-Schriftsteller, wie etwa Solger, Raumer, von der Hagen, zogen ihn weit mehr an als Niebuhr und der Kreis um Savigny an der Berliner Universität. Trotz der Begegnung mit E. T. A. Hoffmann im Jahre 1814 und den Verbindungen zu Fouqué, Chamisso, Franz Horn, David Veit u. a. war ihm Berlin während dieser Jahre durch die unliebsamen Beziehungen zu Bernhardi und Savigny und die Entfremdung von der Gesellschaft um die Brentanos und Arnims kein angenehmer Aufenthaltsort. Ernsthaft an eine Stelle an der Berliner Universität oder der Akademie der Künste denken ließen ihn nur der Wunsch, in Solgers Nähe zu wohnen und die Hoffnung, in der Lehrtätigkeit eine gesicherte Wirkungsmöglichkeit nach der Auflösung der Ziebinger Gesellschaft zu finden. Durch Solgers frühen Tod kamen die Verhandlungen um einen Lehrstuhl über das Anfangsstadium nicht mehr hinaus. Die Flucht von Ziebingen nach Prag vor Napoleons Truppen 1813 brachte ihn mit Persönlichkeiten wie den Freiherrn vom Stein und Wilhelm von Humboldt zusammen, auch

Brentano, Rahel Varnhagen wieder näher, ohne daß er zu ihnen engere Beziehungen angeknüpft hätte.

Percy Matenko: Ludwig Tieck and Rahel Varnhagen: A Re-Examination. In: Publications of the Leo Baeck Institute. Year Book 20, 1975, S. 225–46.

Die Ziebinger Jahre waren erfüllt von intensiver Beschäftigung mit dem eigenen Werk und seinem dichterischen Selbstbewußtsein, den wiederholten Anstrengungen, Versäumtes nachzuholen und Vollendungsbedürftiges abzuschließen (vgl. den Arbeitsplan Tiecks aus dem Jahr 1815 bei Schweikert, Bd. 3, S. 255–282). In dieser Zeit erhielt Tieck seine erste öffentliche akademische Anerkennung; der Ehrendoktor der Universität Breslau – von Hagen angeregt – wurde ihm verliehen. Zwischen 1811 und 1816 arbeitete Tieck an der Revidierung eigener Werke für den »Phantasus« (»Blaubart«, »Der gestiefelte Kater«, auch »Zerbino«).

Harvey W. Hewett-Thayer: Tieck's Revisions of His Satirical Comedies. In: GR 12, 1936–37, S. 147–64.

1813–14 wurde der »William Lovell« einer Bearbeitung unterzogen und um einige Passagen gekürzt, also durchaus nicht verworfen; ab 1815 beschäftigte sich Tieck, unter der Heranziehung von Fiorillos »Geschichte der zeichnenden Künste«, mit der Fortsetzung des »Sternbald«, seines romantischen Hauptwerks; unmittelbar danach erschienen Goethes Aufzeichnungen der Italienischen Reise und die vehemente Verurteilung Tiecks in ›Kunst und Altertum‹, worin Goethe ihn verantwortlich machte, eine »mystisch-religiöse« Richtung der Kunst und Literatur befördert zu haben. Der eigentliche Ausdruck seiner Beschäftigung mit früheren Dichtungen ist das Sammelwerk »Phantasus«, mit dem Untertitel »Eine Sammlung von Mährchen, Erzählungen, Schauspielen und Novellen«. In der Art von Boccaccios »Decamerone« greift Tieck die Technik der Rahmenerzählung auf, wie schon Goethe in den »Unterhaltungen deutscher Ausgewanderten« oder Arnim im »Wintergarten«, auch E. T. A. Hoffmanns »Serapionsbrüder« schließen an diese Erzählform an. Den Rahmen bildet eine geistvolle Konversation in adelig-großbürgerlicher Gesellschaft, die man sich leicht als die von Madlitz-Ziebingen vorstellen kann. Die Unterhaltung wechselt zwischen Ernst, Scherz und Enthusiasmus, so daß die Regeln guten gesellschaftlichen Tons eingehalten werden; angeblich der Damen zuliebe vermeidet man tiefgreifende philosophische Gespräche; vielmehr werden mühelose Übergänge von Thema zu Thema angestrebt. Lieblingsthemen Tiecks werden erörtert: Vaterland,

Freundschaft, Landschaft, Theater und Schauspielkunst, das Dramatische, Shakespeare und Calderón, der literarische Geschmack, das Komische, Traum, Rätsel, Wunder (ausgenommen sind die Kunstreligion und Böhme). Bei aller Affirmation romantischer Gedankenwelt herrscht eine Atmosphäre souveräner Toleranz, die auch in kritischen Äußerungen keine Tendenz zur Polarisierung aufkommen läßt. Obwohl in die erste Fassung des Werks nur »Der blonde Eckbert«, »Der getreue Eckart«, »Der Runenberg«, »Liebeszauber«, »Die schöne Magelone«, »Die Elfen«, »Der Pokal«, »Rothkäppchen«, »Blaubart«, »Der gestiefelte Kater«, »Die verkehrte Welt«, »Däumchen« und »Fortunat« (in die »Schriften« sogar nur eine Auswahl davon) aufgenommen sind, beabsichtigte Tieck ursprünglich, noch mehr seiner Jugendwerke darin als eine Art abschließender Selbstanzeige unterzubringen. Neu veröffentlicht wurden die Werke »Liebeszauber«, »Die Elfen« und »Der Pokal«, mit denen er seine »neue Manier« (Tieck an Friedrich Tieck, Schweikert, Bd. 1, S. 268) vorstellte: Überführung einer alltäglichen, dem Leser vertrauten Welt ins Phantastische oder Schauerliche bei bewußter Übernahme romantischer Motive, wie des bedrohten Paradieses (»Eckbert«, »Runenberg«). Das Spiel mit der doppelten Wirklichkeit findet sich in ähnlicher Weise bei E. T. A. Hoffmann oder in Arnims »Majoratsherren«. Inhaltlich richten sich diese Erzählungen bereits an das Leserpublikum, das wenige Jahre später an Tiecks Dresdner Novellen großen Gefallen finden sollte. Die literarhistorische Bedeutung dieser Erzählungen liegt darin, daß sie jene romantische Erzählform begründen, die durch E. T. A. Hoffmann und E. A. Poe Berühmtheit erlangte. Wie so oft gab Tieck, nachdem er eine neue literarische Mode iniziiert hatte, sie in ihrer ursprünglichen Form bald wieder auf. Seine letzte Märchenkomödie ist »Däumchen«, entstanden 1811; hier wird das phantastisch-spielerische Element von der Satire zurückgedrängt. »Däumchen« gehört zu den heitersten und gelungensten Komödien Tiecks; die Satire richtet sich vornehmlich gegen antikisierende Tendenzen in der deutschen Literatur (vermutlich Goethes »Pandora«). Mit dem Großdrama »Fortunat« schließt die Reihe der dramatischen Volksbuchbearbeitungen. Ähnlich der »Genoveva« und dem »Octavianus« ist die Handlung durch häufige Zwischenspiele und Szenenwechsel unterbrochen. Die kunstvolle Verstechnik der früheren Großdramen wird zugunsten eines einfacheren Wechsels von Jamben und Prosa aufgegeben. Die Sprache ist klarer und trotz der Situationskomik herrscht ein eher ernster Ton, der auf die Dresdner Romane vorausweist und gleichzeitig – von Tieck sicher nicht beabsichtigt – an die Dramen Arnims (»Halle und

Jerusalem«) oder Brentanos (»Die Gründung Prags«) erinnert. Nach dem »Phantasus« entfernte er sich von der Gattungsvielfalt und wandte sich dem Sprachmittel zu, das seine Bedeutung und Ruhm der späten Jahre begründete, der Prosa.

»Phantasus. Eine Sammlung von Mährchen, Erzählungen, Schauspielen und Novellen, herausgegeben von Ludwig Tieck.« Berlin: Realschulbuchhandlung 1812–1816. 3 Bde. *Schriften*, Bd. 4–5. Neuausgabe Bibliothek deutscher Klassiker, hg. v. Manfred Frank, Frankfurt 1985.

Ute Schläfer: Das Gespräch in der Erzählkunst Ludwig Tiecks. Diss. München 1969.

»Liebeszauber«. *Phantasus*, Bd. 1, S. 273–314. *Schriften*, Bd. 4, S. 245–283.

»Die Elfen«. *Phantasus*, Bd. 1, S. 400–415. *Schriften*, Bd. 4, S. 365–392.

»Der Pokal«. *Phantasus*, Bd. 1, S. 431–456. *Schriften*, Bd. 4, S. 393–415.

»Fortunat. Ein Mährchen in fünf Aufzügen«. In: *Phantasus*, Bd. 3, S. 5–494. *Schriften*, Bd. 3.

»Leben und Thaten des kleinen Thomas, genannt Däumchen. Ein Mährchen in drei Akten«. *Phantasus*, Bd. 2, S. 448–549. *Schriften*, Bd. 5, S. 487–595.

Der »Phantasus« erschien im Verlag Georg Andreas Reimers (1776–1842), wie schon die »Minnelieder« und die Neufassung des »William Lovell« (1813–14). Mit dem Berliner Verleger trat Tieck in ein enges freundschaftliches Verhältnis; auch sein Einkommen war durch die Verbindung zu Reimer einigermaßen gesichert. Ebenfalls in diesem Verlag sind die beiden Sammelwerke aus dieser Zeit verlegt worden, die als ein erster Höhepunkt von Tiecks Studien über die Anfänge des deutschen und des elisabethanischen Theaters gelten können: »Alt-Englisches Theater« (1811) und »Deutsches Theater« (1817) (s. u.).

Im Sommer 1817 erfüllte sich ein langjähriger Wunsch Tiecks: eine Reise nach England und Frankreich mit Burgsdorff. Die Englandreise wurde aber zu einer großen Enttäuschung, denn es war nicht mehr Shakespeares England. Ihm, den Städte wie Nürnberg, Heidelberg oder Rom begeistert hatten, konnte eine sich ständig im Wandel befindliche Metropole wie London nicht zusagen. Hinzu kamen Sprachschwierigkeiten: Tiecks außerordentliche Englischkenntnisse waren gelehrt-literarisch. Ein wirklicher Gedankenaustausch mit Coleridge, dessen intuitive Denkweise trotz grundsätzlich unterschiedlicher Ansichten über Shakespeare der Tiecks sehr ähnlich war, kam nicht in dem Maß zustande, wie es sich Tieck erhofft und erwartet hatte. Mit Henry Crabb Robinson (1775–1867) – seine Tagebücher enthalten wichtige Informationen über Tieck – blieb der Umgang ebenfalls auf die mehr gesellschaftliche Ebene beschränkt. Das Londoner Theater und die Auftritte der großen Schauspieler Kean und Kemble stellte Tieck keineswegs zufrieden; das ihm vertraute deutsche Theater unterschied sich wesentlich vom englischen, das affektheischend auf Publikumserfolg angewiesen war. Er nutzte die Gelegenheit, im Britischen Museum wichtige Texte aus der elisabethanischen Zeit einzusehen und auch abschreiben zu lassen.

Alfond Fedor Cohn: Ludwig Tiecks Reise nach London und Paris im Jahre 1817. Aus Wilhelm von Burgsdorffs Tagebuch. In: Zs. f. Bücherfreunde, Jg. 1, 2. Hälfte, 1910, S. 343–364.
Earl Leslie Griggs: Ludwig Tieck and Samuel Taylor Coleridge. In: JEGP 54, 1955, S. 262–268.
Henry Crabb Robinson und seine deutschen Freunde. Brücke zwischen England und Deutschland im Zeitalter der Romantik. Nach Briefen, Tagebüchern und anderen Aufzeichnungen unter Mithilfe von Kurt Schreinert bearb. v. *Hertha Marquardt*, Göttingen 1964–67, Palaestra 237, 249, 2 Bde.
Edwin H. Zeydel: Ludwig Tieck and England. A Study in the Literary Relations of Germany and England During the Early Nineteenth Century, Princeton 1931.

Auf der Rückreise von England und Frankreich 1817 hatte Tieck in Heidelberg die Brüder Boisserée und ihre berühmte Gemälde-sammlung besucht und war von ähnlicher Begeisterung für die rheinisch-niederländische Kunst erfaßt worden wie Goethe. Die Boisserées sahen in Tieck den ›Entdecker‹ Nürnbergs und Dürers und neben Friedrich Schlegel war er ihnen in Fragen der Kunst eine beinahe ebenso große Autorität wie Goethe. Ihre Bemühungen um die Kunst sind gewissermaßen als Fortsetzung frühromantischer Bestrebungen anzusehen, als deren Repräsentant sich Tieck um diese Zeit nicht mehr verstand.

Hatte um 1815 Tiecks Interesse an der Beschäftigung mit dem Mittelalter merklich nachgelassen, verstärkte er nun seine Bemü-hungen um die deutsche Literatur des 16. und des 17. Jh.s, vor allem um das Drama. Daraus entstand die Sammlung »Deutsches Theater«. Es ist sicherlich berechtigt, Tiecks damals aktuelle Hoffnung auf eine Tätigkeit an einem Theater und auch eigene unausgeführte Pläne zu historischen Schauspielen, die im Brief-wechsel mit Solger belegt sind, im Zusammenhang mit diesem editorischen Vorhaben zu sehen (vgl. die Vorstellung einer Blüte des neuzeitlichen Theaters gleichzeitig mit »einer Sehnsucht nach entflohenen großen Bildern und Begebenheiten«, Vorrede zu Bd. 1, S. V, und den »gebildeten Freund des Theaters« als Adressat der Sammlung, S. IV). Anders als etwa Arnims »Halle und Jerusalem« und die »Schaubühne« galt Tiecks Sammlung einer Verbreitung der

Dichtungen früherer Jahrhunderte, nicht durch Bearbeitung, sondern Edition der Originaltexte. Wie auch der junge Goethe, Arnim oder Brentano beklagt Tieck das Fehlen eines »Mittelpunktes« (I, S. VII), der Deutschland etwa wie England oder Spanien kulturell geeint hätte. Tieck ist bemüht, das Drama des Meistersangs oder Ayrers sowie das Barockdrama Gryphius' oder Lohensteins gebührlich zu würdigen, jedoch ist der Vergleich mit Shakespeares Werken meist zu ihrem Nachteil; so lehnt Tieck den Alexandriner oder romanische Einflüsse auf das Barockdrama ab. Positiver beurteilt er die sprachkräftige Entwicklungslinie von Luther über Hans Sachs zu Opitz. Aufnahme in die Sammlung fanden bezeichnenderweise Dramen, die Bestrebungen des 18. Jh.s nach dem bürgerlichen Trauerspiel oder einem Abbau des Pathos entsprechen: »Cardenio und Celinde« und »Ibrahim Bassa«. Scheinbar im Widerspruch dazu schätzte Tieck unter den zeitgenössischen Dramatikern gerade diejenigen nicht, die Elemente des barocken Dramas wieder aufgegriffen haben (etwa den späten Schiller, Werner und Grillparzer).

Beachtung verdienen diese Bemühungen Tiecks, in deren Nachfolge die Arbeiten Wilhelm Müllers und Karl Försters stehen, eine vergessene Literatur wieder allgemein zugänglich zu machen, denn ab dem 19. Jh. wurde das Studium der Barockliteratur nahezu ausschließlich von Philologen und Germanisten betrieben und nicht von Dichtern und Theaterleitern.

»Deutsches Theater«. Herausgegeben von Ludewig Tieck. Berlin: Realschulbuchhandlung 1817. 2 Bde. Vorrede (als »Die Anfänge des deutschen Theaters«) in KS. I, S. 323–388. dazu: *Roger Paulin*: Tieck's *Deutsches Theater* (1817) and its Significance. In: From Wolfram and Petrarch to Goethe and Grass. Studies in Literature in Honour of Leonard Forster. Ed. D. H. Green, L. P. Johnson, Dieter Wuttke, Baden-Baden 1982, S. 569–577.

Ein ähnliches Ziel, aber bedeutend mehr Erfolg, hatte Tiecks Verleger Max elf Jahre später mit der Herausgabe der bearbeiteten »Insel Felsenburg« von Johann Gottfried Schnabel. In der Vorrede, die sich kaum auf Schnabels Text bezieht, mißt Tieck einer älteren, naiven Form des Romans (auch der Trivialliteratur), eine ebenso echte Volkstümlichkeit zu wie dem höfischen Roman und dem Volksbuch. Einer Erneuerung älterer Prosaformen war die Zeit weitaus günstiger (Novelle, Scott) als der Wiederbelebung des Barockdramas.

»Die Insel Felsenburg oder wunderliche Fata einiger Seefahrer. Eine Geschichte aus dem Anfange des achtzehnten Jahrhunderts«. Eingeleitet von Ludwig Tieck. Breslau: Max 1828, 6 Bde. [Textbearbeitung *nicht* von Tieck!]. – Vorrede in KS, Bd. 2, S. 133–170 als »Kritik und deutsches Bücherwesen. Ein Gespräch«. Neudruck München 1979.

dazu: *Martin Stern*: Die wunderlichen Fata der ›Insel Felsenburg‹. Tiecks Anteil an der Neuausgabe von J. G. Schnabels Roman (1828). Eine Richtigstellung. In: DVjs. 40, 1966, S. 109–115.

III. Dresden 1819–1841

Nach dem Tode des alten Grafen Finckenstein im April 1818 und der damit erfolgten Veränderung der Familienverhältnisse in Ziebingen und Madlitz zog Tieck mit seiner Familie und der Gräfin Henriette im Sommer 1819 nach Dresden. Unsicher ist, ob er von vornherein beabsichtigte, für längere Zeit in Dresden zu bleiben. Die Verhandlungen mit Berlin um eine Professur waren nach Solgers Tod nicht wiederaufgenommen worden. Möglicherweise respektierte Tieck bei der Wahl seines Wohnortes die Wünsche der Gräfin Henriette, die als seine Lebensgefährtin bereit war, mit ihrem Vermögen den Haushalt der Familie zu unterstützen. Eine Berufung nach München durch König Ludwig I. im Jahre 1826 lehnte Tieck ab, nicht nur, weil ihm eine Verpflichtung als Kollege von Görres oder Baader nicht unbedingt erstrebenswert erschien, sondern vermutlich auch mit Rücksicht auf Henriette. Die Verbindung zu Berlin erhielt er ab 1819 durch seinen Bruder und die Freundschaft mit dem Historiker Friedrich von Raumer (1781–1872) aufrecht. Thematische Schwerpunkte in seinen bisherigen Freundschaftsverbindungen waren die Bereiche Kunst (Wakkenroder), Religion (Novalis) oder Philosophie (Solger). Mit Raumer verband ihn das Interesse an Geschichte und Politik wie an literarischen und kulturellen Zeiterscheinungen. Raumers gemäßigt liberale Haltung entsprach Tieck und er schätzte die Schriften des »Wieland der Historiographie« (Rudolf Haym).

Friedrich von Raumer: Lebenserinnerungen und Briefwechsel, Leipzig 1861, 2 Bde. *Ders.*: Litterarischer Nachlaß, Berlin 1869.

E. H. Zeydel: Ludwig Tieck und Friedrich von Raumer. In: PMLA 43, 1932, S. 863–893.

Marta Becker: Unveröffentlichte Briefe Friedrich von Raumers an Ludwig Tieck. In: Deutsche Rundschau 219, 1929, S. 144–57.

Edwin H. Zeydel u. *Percy Matenko*: Unpublished Letters of Ludwig Tieck to Friedrich von Raumer. In: GR 5, 1930, S. 19–37, 147–165.

Die Dresdner Gesellschaft ersetzte Tieck den Ziebinger Kreis: er bewegte sich vornehmlich in adeligen und großbürgerlichen Häusern, in denen er gerne gesehen und anerkannt war. Im Unterschied zu Ziebingen suchten ihn in Dresden seine Bewunderer auch auf. Zeichen der neuen literarischen und gesellschaftlichen Achtung, die Tieck zuteil wurde, ist die große Anzahl von Verehrern in Tiecks Haus am Altmarkt in Dresden, die von der herzlichen Aufnahme Jean Pauls im Jahre 1822 an zu beobachten ist. Während der ersten Jahre versuchte Tieck, Verbindungen zu den verschiedensten Gesellschaftskreisen aufrechtzuerhalten. Er mußte aber bald feststellen, daß auch in Dresden literarische und künstlerische Gruppen untereinander konkurrierten; dies erfuhr er nach seinen anfänglich freundschaftlichen Beziehungen zum trivialromantischen Liederkreis um Theodor Winkler (Hell) (1775–1856), Friedrich Kind (1768–1843), seinem alten Opponenten Karl August Böttiger (1760–1835) und dem gefeierten Dichter der »Urania« Christoph August Tiedge (1752–1841). Schon im Jahre 1817 hatte Tieck eine gewisse Offenheit gegenüber der jüngeren Romantik, gar Trivialromantik, bewiesen, indem er sich an Friedrich Försters »Sängerfahrt« beteiligt hatte. Die Veröffentlichung seiner »Gedichte« 1821–23 in einem Dresdner Verlag bekundet die Absicht, seinem Ruhm als Dichter zumindest regional Nachdruck zu verleihen. Auch einige seiner frühen Novellen erschienen im Dresdner Verlag Arnold. Die deutlichste Annäherung an den Liederkreis belegen die Rezensionen, die Tieck 1821 bis 1825 für Hells ›Abend-Zeitung‹ schrieb und 1826 als »Dramaturgische Blätter« herausgab.

»Gedichte von L. Tieck«. Erster, zweiter Theil Dresden: Hilscher 1821. Dritter Theil 1823. Neudruck Heidelberg 1967. – »Gedichte von Ludwig Tieck. Neue Ausgabe«. Berlin: Reimer 1841.
Tiecks Gedichte sind in den zwanziger Jahren hauptsächlich aus zwei Gründen von Bedeutung: 1. Entsprechen Wortschatz und Stimmungskunst seiner Lyrik einem durch die Trivialromantik damals verbreiteten Stilbewußtsein. (Seine Gedichte waren durch die Neuveröffentlichung auch zugänglicher als die Brentanos.) Im Grunde geht Heine von dieser durch Tieck geschaffenen Sprache aus. 2. Durch die zyklische Form und das damit verbundene Reisemotiv (»Reisegedichte eines Kranken«) wirkt Tieck ebenfalls nachhaltig auf die Biedermeierlyrik ein (vgl. *Wilhelm Müllers* Widmung seiner »Gedichte aus den hinterlassenen Papieren eines reisenden Waldhornisten« an Tieck und Heines Verwendung der durch Ludwig Robert und Rahel angepriesenen freien Strophen in »Die Nordsee«). S. die nützliche kleine Ausgabe von Georg Witkowski: Reisegedichte. Verse aus Italien, Berlin 1925, Reisebilder 3.

Martin Greiner: Das frühromantische Naturgefühl in der Lyrik von Tieck und Novalis, Leipzig 1930, Von deutscher Poeterey 7.

Elisabeth Reitmeyer: Studien zum Problem der Gedichtsammlung mit eingehender Untersuchung der Gedichtsammlungen Goethes und Tiecks, Bern-Leipzig 1935, Sprache und Dichtung 57.

Der Verbreitung von Tiecks Gedichten dienten ebenfalls die Vertonungen durch seine Schwägerin *Luise Reichardt* (1780–1826).

In den ersten Dresdner Jahren war Tieck mit dem Dichter Graf Heinrich Loeben (1786–1825), dem kurhessischen Diplomaten und Spanischkenner Ernst von der Malsburg (1784–1824) und dem Komponisten Carl Maria von Weber befreundet. Im Laufe der zwanziger Jahre bildete sich um ihn ein zweiter Freundeskreis, der ihn verehrte und bisweilen auch gegen Intrigen in Schutz nahm: der Übersetzer und Musikfreund Graf Wolf von Baudissin (1789–1878), der Physiologe, Maler und kgl. Leibarzt Carl Gustav Carus (1789–1869), der Schriftsteller und Professor Karl Förster (1784–1841), der Schriftsteller Eduard von Bülow (1803–1853), der Theaterdirektor Wolf Adolf von Lüttichau (1785–1863) und dessen Frau Ida von Lüttichau. Über diesen Personenkreis stellte sich für Tieck die Verbindung zu sächsischen Hofkreisen her, insbesondere zum privaten Literatur- und Kulturkreis Prinz Johanns von Sachsen (ab 1854 König Johann). Ab 1832 war Tieck Mitglied in der neugegründeten Sozietät, der Accademia Dantesca, die dem Zweck diente, die Dante-Übersetzung des Prinzen unter der Beteiligung von Schriftstellern und Gelehrten durch Vortrag und wissenschaftliches Gespräch einer Korrektur zu unterziehen. Trotz dieser Integration in eine von Adel und Tradition getragene Gesellschaft bewahrte sich Tieck seine Unabhängigkeit als Schriftsteller und Gelehrter. Er war weder Hofdichter noch hatte er sich wie Adam Müller oder Friedrich Schlegel einer politisch religiösen Restaurationspolitik verpflichtet, und im Unterschied zu August Wilhelm Schlegel war er nicht auf eine gelehrt-akademische Tätigkeit angewiesen. Gleichwohl er mit dem Vorsitzenden des Dresdner Kunstvereins Johann Gottlob Quandt (1787–1859) und mit Malern wie Johann Clausen Dahl (1788–1857) oder Karl Christian Vogel von Vogelstein (1788–1868) bekannt war, konnte er jeglicher organisierter Gruppenbildung fernbleiben. Ebenfalls Ausdruck seiner Unabhängigkeit waren die Leseabende, die er während seiner ganzen Dresdner Zeit veranstaltete; er hatte schon in Jena, unter dem Einfluß des von ihm verehrten Berliner Schauspielers Fleck, verschiedenen Freunden und Bekannten vorgetragen. In Dresden las er hauptsächlich Shakespeare (in Übersetzung), aber auch andere Lieblingsautoren wie Calderón, Holberg,

Sophokles, Goethe, Kleist, Gozzi und gelegentlich aus eigenen Werken. Für den gebildeten Literaturfreund gehörte es zum guten Ton, bei der Durchreise in Dresden einem Vorleseabend bei Tieck beigewohnt zu haben. Bei diesen gesellschaftlichen Veranstaltungen, deren Vorbild die Geselligkeit der Berliner Salons ist, konnte Tieck einem gebildeten Publikum seinen literarischen Geschmack, der im Grunde immer noch dem der Jenaer Romantik entsprach, vermitteln. Berühmtester Nachfolger Tiecks in der Kunst des Vorlesens war sein Freund, der Lustspieldichter und Schauspieler Karl von Holtei (1798–1880), der 1864 die erste Sammlung von Tiecks Briefen herausgegeben hat.

Weniger glücklich waren Tiecks Bemühungen um das Dresdner Theater. Dort schien sich zwar die langerhoffte Erfüllung seiner Jugendträume oder seiner – weniger schwärmerischen – Hoffnungen zu bieten, einmal »Direktor eines Th.« (an Solger) werden zu können. Es war für ihn aber zu spät, er verfügte nicht über die praktische Erfahrung, die Vielseitigkeit und Wendigkeit eines erfolgreichen Theaterdirektors. Der Anschluß an die zeitgenössische Bühne war längst verpaßt, hatte er sich doch trotz seiner Theaterleidenschaft immerhin über eine Generation lang nicht mehr mit der Praxis des Theaters auseinandergesetzt. Die Theaterleitung in Dresden war schon unter Vitzthum und Könneritz dazu übergegangen, ein anspruchsvolleres Repertoire zu bieten, ähnlich in Berlin unter Brühl. Davon zeugen die in den »Dramaturgischen Blättern« gesammelten Besprechungen Tiecks, die zu den bedeutendsten und stilistisch glänzendsten Theaterkritiken in deutscher Sprache seit Lessing gehören. Das Publikum und die Leser waren mit den von Tieck in den »Blättern« geäußerten Ansichten meist nicht einverstanden, manche Kritiken haben eher sogar Anstoß erregt. Die ausführliche Besprechung des »Wallenstein« war insgesamt noch im Sinne der Leser; die Parteinahme für Kleist, so wertvoll sie für die Kleistrezeption auch sein mochte, stieß kaum auf Zustimmung (vgl. Goethes Besprechung der »Dramaturgischen Blätter«). Dem Theaterpublikum mißfiel es, daß Tieck sein Gefallen an Iffland und Kotzebue als Verirrung bezeichnete; die Dresdner Trivialpoeten nahmen ihm die Kritik an ihren Kollegen Houwald und Gehe übel. Sicher bedenklich waren Tiecks Interpretationen von »Hamlet«, »Lear« und »Macbeth«, die aus einer übermäßigen Freude und Lust am Neuen zu einseitig ausfielen.

»Dramaturgische Blätter. Nebst einem Anhange noch ungedruckter Aufsätze über das deutsche Theater und Berichten über die englische Bühne, geschrieben auf einer Reise im Jahre 1817«. Von Ludwig Tieck. Breslau: Max 1826. 2 Bde. KS, Bd. 3–4.

Frauke Gries: Eine unbeachtet gebliebene Rezension von Ludwig Tieck. ›Belisar. Trauerspiel in fünf Akten von Ed. v. Schenk‹. In: ZfdPh 90, 1971, S. 191–99.

Erst nach der Ernennung Lüttichaus zum Theaterintendanten im Jahre 1824 konnte Tieck aktiv am Hoftheater mitwirken. 1825 wurde er zum Dramaturgen des Hoftheaters und zum »Hofrath IV. Classe« ernannt. Von Mai bis Ende Juni desselben Jahres unternahm er mit Lüttichau eine große Rundreise durch Deutschland und Österreich, um sich ein Bild von den Zuständen an anderen Bühnen zu machen. Trotz Tiecks umfassenden Kenntnissen blieb seine Wirkungsmöglichkeit beschränkt. An der Stückauswahl war auch Theodor Hell beteiligt, der seine eigenen Lustspiele und die der Prinzessin Amalie von Sachsen oder der Birch-Pfeiffer zur Aufführung bringen wollte. Tiecks Verhältnis zu Hell und dem Liederkreis wurde durch die ablehnende Haltung der ›Abend-Zeitung‹ und durch direkte Opposition gegen ihn (z. B. die Störung der Aufführung von Calderóns »Dame Kobold« im Jahre 1826) zunehmend schwieriger. Das Publikum fand wenig Gefallen an Tiecks ausgesprochen literarischem Geschmack; zumindest bildete er mit den von ihm ausgewählten Stücken das künstlerische Bewußtsein der Zuschauer. Während seiner Dramaturgenzeit traten in Dresden berühmte Schauspieler auf, wie Karl Unzelmann, Werdy, Karl und Eduard Devrient, Julie Rettich-Gley und Karoline Bauer. Ein näheres Verhältnis entwickelte sich zu den Devrients und den Damen Rettich und Bauer. Tiecks Art, den Schauspielern die von ihm in den Lesungen verwirklichten Vorstellungen über Aussprache, Rollen und Charakter aufzuzwingen (Natürlichkeit des Sprechens, Ablehnung des Pathos, künstlerische Zusammensetzung des Personals) führte unweigerlich zu Spannungen und sogar Kündigungen. Wo Tiecks Theaterreformen ohne Dogmatismus realisiert werden konnten – so vor allem in Düsseldorf unter Karl Immermann – wurden ihre Vorzüge sichtbar. Von Immermann forderte dies einen enormen Einsatz. Tieck hingegen konnte unabhängig vom Theater, nachdem er sich davon zurückgezogen hatte, ein gesichertes Leben als Dichter führen.

Hanns Robert Doering-Manteuffel: Dresden und sein Geistesleben im Vormärz. Ein Beitrag zur Geschichte des kulturellen Lebens in der sächsischen Hauptstadt, Diss. Leipzig 1935, Dresden 1935.
Hermann Anders Krüger: Pseudoromantik: Friedrich Kind und der Dresdner Liederkreis: Ein Beitrag zur Geschichte der Romantik, Leipzig 1904.
Hellmut Fleischhauer: Theodor Hell (Winkler) und seine Tätigkeit als

Journalleiter, Herausgeber, Übersetzer und am Theater, Diss. München 1930, Borna-Leipzig 1930.

Friedrich Kummer: Dresden und seine Theaterwelt, Dresden 1938.

Carl Gustav Carus: Lebenserinnerungen und Denkwürdigkeiten, Leipzig 1865–66.

Biographische und literarische Skizzen aus dem Leben und der Zeit Karl Förster's. Hg. von *L. Förster*, Dresden 1846.

Roger Paulin: ›Höfisches Biedermeier‹. Ludwig Tieck und der Dresdner Hof. Mit einem unveröffentlichten Brief Ludwig Tiecks an König Friedrich August II. von Sachsen. In: Literatur in der sozialen Bewegung. Aufsätze und Forschungsberichte zum 19. Jahrhundert. In Verbindung mit Günter Häntzschel u. Georg Jäger hg. v. Alberto Martino, Tübingen 1977, S. 207–227 [dort Literatur].

Paul Alfred Merbach: Zu Tiecks Vorlesungen in Dresden. In: Dresdner Geschichtsblätter 30, 1921, S. 56–57 (dort Literatur).

Bernd Goldmann: Wolf Heinrich Graf Baudissin. Leben und Werk eines großen Übersetzers, Hildesheim 1981.

Bedingungen einer materiellen Sicherung des Status als Dichter waren feste Vertragsverhältnisse mit Verlegern: Tiecks Verleger waren Reimer in Berlin, Brockhaus in Leipzig und Max in Breslau. Tieck überließ ihnen jeweils verschiedene Werke zum Druck und erhandelte damit für sich das höchstmögliche Honorar. Bei Brockhaus erschienen hauptsächlich Novellen, bei Reimer die Romane und die »Schriften« und bei Max mehr vereinzelte Werke. Seine Dichterhonorare erlaubten Tieck einen wesentlich großzügigeren Lebensstil, so auch Badereisen nach Teplitz oder Baden-Baden beinahe jeden Sommer bis 1841.

Wie schon den »Romantischen Dichtungen« und dem »Phantasus« liegt auch den »Schriften« ein programmatisches Bekenntnis Tiecks zugrunde. Angeregt durch einen Wiener Raubdruck seiner Werke ging er daran, durch Auswahl, Anordnung, Vorworte und Widmung ein bestimmtes Bild zu vermitteln. Im Bewußtsein der Tatsache, daß er seinen Dichterruhm eigentlich den romantischen Werken der Zeit 1795–1815 verdankte, revidierte und kommentierte er sie für die Neuherausgabe in den »Schriften«; unveröffentlichte Jugendwerke nahm er nicht auf, ebensowenig das kritische Werk und die meisten Übersetzungen. Die »Schriften« sollten das geschlossene und gereifte Werk des *Dichters* und nicht des *Gelehrten* wiedergeben. Eine solche Selbstdarstellung hatte allerdings für nachkommende Lesergenerationen ein einseitiges, wenn nicht verfälschendes Bild von Tiecks Schaffen zur Folge. Die Widmungen zu den einzelnen Bänden erwecken den Eindruck einer zusammengehörigen literarischen Gruppe, während Tieck in Wirklichkeit nur noch mit den wenigsten der Beehrten persönlichen Umgang hatte. Von Bedeutung sind die drei längeren Vorworte, denn sie enthalten oft die einzigen Aussagen des Dichters zu seinen Werken. Jedoch sind diese keineswegs als verbindlich anzusehen (bekanntestes Beispiel: die Wendepunkt-theorie, s. u.); nur in einen Zusammenhang von Gesamtwerk, dessen Rezeption und Tiecks Lebensgeschichte gebracht, erhellt sich ihr funktionaler Stellenwert.

»Ludwig Tieck's sämmtliche Werke«. Wien: Leopold Grund 1817–24, 30 Bde.

»Ludwig Tieck's Schriften«. Berlin: Reimer 1828–1846, 20 Bände, Neu-druck Berlin 1966 (Bd. 17–20 nach der Ausgabe 1852 f.).

Als Bd. 21–28: »Gesammelte Novellen. Vollständige auf's Neue durchgese-hene Ausgabe«. Berlin 1852–54.

»Ludwig Tieck's gesammelte Novellen. Vermehrt und verbessert«. Breslau: Max 1835–42, 14 Bde.

In den Rahmengesprächen des »Phantasus« hatte Tieck seine Ansichten von Poesie und Vaterland formuliert und sie versinn-bildlicht durch jeweils eines seiner romantischen Werke dargestellt; in den Novellen und Romanen der zwanziger und dreißiger Jahre werden dieselben Themen mit Problemen von Zeit und Gesell-schaft vereint in einer einzigen Erzählung behandelt. Die in diesen Jahren wiedereinsetzende poetische Produktion Tiecks, nach den wenig ertragreichen vergangenen fünfzehn Jahren ist sicherlich eine Fortsetzung der früheren, wenn nicht frühesten Produktion in gewandelter Form: häufig werden in der Tieckforschung Verglei-che zwischen den am französischen Rokoko orientierten »Strauß-federn« und den Dresdner Novellen gezogen und auf Jean Paul und Cervantes als Haupteinflüsse verwiesen. »Vittoria Accorom-bona« und »Der junge Tischlermeister« gehen auf Anregungen aus den 1790er Jahren zurück und die letzen Lustspielpläne von ca. 1817 wurden in den ersten Dresdner Novellen verarbeitet. Im Sinne von Friedrich Schlegels Mythologie, Eichendorffs Welt-Dualismus oder E. T. A. Hoffmanns Dämonie sind diese Werke nicht mehr als ›romantisch‹ zu bezeichnen (»entdämonisierte Romantik«, Friedrich Sengle: Biedermeierzeit. Deutsche Literatur im Spannungsfeld zwischen Restauration und Revolution 1815–1848, Bd. 1, Stuttgart 1971, S. 248). Tieck präsentiert sich in den Novellen als Altromantiker, ohne Esoterik, aber mit der Überzeugung, daß Wunder und Alltag keine sich widersprechen-den Erscheinungsformen des Lebens sind. Das Aufgreifen von gesellschaftlichen Problemen, das auch beim späten Arnim teil-weise festzustellen ist, deren maßvolle, versöhnliche Art der Darstellung im Dialog, die Thematisierung von Freundschaft,

Gemeinschaft, ›Schonung‹ und Menschlichkeit, scherzhaft und mit Anmut ist als die eigentliche Leistung von Tiecks Alterswerk anzusehen. Der Meister des *Prosastils* wurde zu einer Autorität einer neuen literarischen Gattung, der Taschenbuchnovelle und der Salonpoesie einer alltäglichen konkreten Gesellschaft und ihrer Stände (»alle Stände, alle Verhältnisse der neuen Zeit, ihre Bedingungen und Eigenthümlichkeiten sind dem klaren dichterischen Auge gewiß nicht minder zur Poesie und edlen Darstellung geeignet, als es dem Cervantes seine Zeit und Umgebung war.« »Schriften«, Bd. 11, S. LXXXVII). Tieck – wie auch E. T. A. Hoffmann, Arnim oder Eichendorff – hatte sich nicht gescheut, eine Gattung aufzugreifen, die auf breiten Literaturkonsum und modische ›Vielleserei‹ angewiesen war, und sie durch seine Dichterautorität aufzuwerten. Reimer und Brockhaus erkannten bald, daß sie den ›Novellenkranz‹ oder die ›Urania‹ unter Tiecks Namen gut absetzen konnten. Tieck hatte für Brockhaus eine »Musterkarte« bereit, Hauff nennt ihn Cotta gegenüber einen der »solidesten Modehändler in diesem Fach« (Briefe an Cotta. Das Zeitalter der Restauration 1815–32. Hg. v. Herbert Schiller, Stuttgart und Berlin 1927, S. 457). Die Qualität der Dresdner Novellen ist unleugbar unterschiedlich. Verfechter einer doktrinären Novellentheorie haben als Bewertungskriterium Tiecks »Wendepunkttheorie« herangezogen und bis auf die Novelle »Des Lebens Überfluß« das andere Novellenwerk aus formtechnischen Gründen abgelehnt. Es ist aber zu berücksichtigen, daß Tiecks Wendepunkttheorie (»Schriften«, Bd. 11, S. LXXXVI) – ähnlich schon bei A. W. Schlegel formuliert und in Goethes ›geistreicher Wendung‹ im Ansatz vorhanden – weniger ein tektonisches Moment als ein inhaltliches Moment bezeichnet im Sinne einer Aufhebung der Trennung von Wunderwelt und Alltagswirklichkeit durch eine überraschende Wendung (»Widersprüche des Lebens lösen«, ebd., S. XC). So gibt es in Tiecks Novellenwerk auch keine ›echten‹ oder ›unechten‹ Wendepunktnovellen: die überraschendste Wendepunktsituation – in der brillanten Kleinnovelle »Die wilde Engländerin« – ähnelt in dem souveränen Erzählton mehr einer Parodie und ist zudem als Binnennovelle in die weitläufige, etwas unüberschaubare Novelle »Das Zauberschloß« eingelegt. Tieck charakterisiert Novellen auch mit »bizarr, eigensinnig, phantastisch, leicht witzig, geschwätzig und sich ganz in Darstellung auch von Nebensachen verlierend« (ebd., S. LXXXVII). Seine weitgespannte Novellendefinition erlaubt es auch umfangreiche Werke, wie »Der junge Tischlermeister« oder »Dichterleben« dieser Gattung zuzurechnen.

Zu Tiecks Dresdner Novellen:

Marianne Thalmann: ›Der Heilige von Dresden‹.

Jörg Hienger: Romantik und Realismus im Spätwerk Ludwig Tiecks, Diss. Köln 1955.

Helmut Endrulat: Ludwig Tiecks Altersnovellistik und das Problem der ästhetischen Subjektivität, Diss. Münster 1957.

Jürgen Heinichen: Das späte Novellenwerk Ludwig Tiecks. Eine Untersuchung seiner Erzählweise, Diss. Heidelberg 1963.

Rolf Schröder: Novelle und Novellentheorie in der frühen Biedermeierzeit, Tübingen 1970, Studien zur deutschen Literatur 20 (grundlegend).

Ralf Stamm: Ludwig Tiecks späte Novellen. Grundlage und Technik des Wunderbaren, Stuttgart-Berlin-Köln-Mainz 1973, Studien zur Poetik und Geschichte der Literatur 31.

Peter Wesollek: Ludwig Tieck oder Der Weltumsegler seines Innern. Anmerkungen zur Thematik des Wunderbaren in Tiecks Erzählwerk, Wiesbaden 1984.

Die in den Novellen zum Ausdruck gebrachten Themen spiegeln die Vielfalt des menschlichen Lebens wieder: menschliche Narrheit, Modetorheit, übereilte Jugend, Egoismus, Phantasie, Laune, aber auch Versöhnung, Ordnung, Familienglück. Typisch für die Behandlung solcher Sujets sind die Novellen »Die Verlobung«, »Die Reisenden«, »Die Gesellschaft auf dem Lande«, »Des Lebens Überfluß«. Polemisch gegen literarische Geschmacksnivellierung richtet sich Tieck in »Der Wassermensch« und »Die Vogelscheuche«; in romantischem Stil verfaßt, aber ohne die Naturromantik der frühen Märchennovellen sind »Das alte Buch« und »Waldeinsamkeit«. Die Novelle »Eigensinn und Laune« ist beispielhaft für die Gestaltung tragischer Themen. Eine besondere Gruppe bilden die Dichter- und historischen Novellen (»Dichterleben«, »Tod des Dichters«, »Der Hexen-Sabbath«), die an die historischen Romane »Der Aufruhr in den Cevennen« und »Vittoria Accorombona« anschließen. Diese Novellen und »Vittoria Accorombona« haben die beiden großen Themen von Tiecks Alterswerk zum Gegenstand: Dichtertum und Vaterland. In seinen späten Jahren erörtert er an der Dichtergestalt das Problem des Verhältnisses von Dichtung, Vaterland und Nation; Friedrich Schlegels Mythologie sowie den Kosmopolitismus des Jungen Deutschland lehnt er hinsichtlich dieser Diskussion ab. In seinem erzählerischen Werk – vorwiegend bei tragischen und historischen Stoffen – stellt er den für ihn gültigen Zusammenhang von poetischer Größe und nationalem Bewußtsein heraus, der versinnbildlicht ist in dem Gegensatz Shakespeare–Marlowe (»Dichterleben«), im Schicksal Camões' (»Tod des Dichters«), in der Ablehnung Tassos und Ariosts zugunsten Dantes und Camões'. Derselbe Problemkreis bestimmt die literaturkritischen Arbeiten in den zwanziger Jahren: die Auseinandersetzung mit Goethe, die ihren Höhepunkt in dem einleitenden Essay zur Lenz-Ausgabe »Göthe und seine Zeit« (s. u.) findet, die Editionen von Werken bedeutender Dichter wie Lenz und Kleist und die Bemühung um den Abschluß der Shakespeare-Übersetzung und des »Buches über Shakespeare«. Infolge seiner neugefestigten Autorität als Dichter, begründet durch die Dresdner Werke, stilisieren ihn Vertreter der Literaturkritik, etwa Menzel und Koberstein, zum größten deutschen Dichter neben Goethe. Er wird immer stärker zum Berater einer jüngeren Dichtergeneration (Grabbe, Immermann, Alexis) und die öffentliche Anerkennung, die ihm zuteil wurde, gestattete es ihm, auch weniger begabte Dresdner Schriftsteller wie Friedrich von Uechtritz (1800–1875) oder Adelheid Reinbold (Ps. Franz Berthold, 1802–1839) zu protegieren.

Hans Mörtl: Ironie und Resignation in den Alterswerken Ludwig Tiecks. In: Zeitschrift f. d. österreichischen Mittelschulen 2, 1925, S. 61–94, bei Segebrecht abgedruckt S. 128–171.

Roger Paulin: »Ohne Vaterland kein Dichter«. Bemerkungen über historisches Bewußtsein und Dichtergestalt beim späten Tieck. In: LWJB NF 13, 1972, S. 125–150.

An den eigentlich historischen Novellen befremdet die sich ängstlich an Fakten klammernde Behandlung des historischen Materials, ein Merkmal, das einer ebenfalls im 19. Jh. beliebten Gattung, der Dichter- und Malerbiographie, zueigen ist. Die unvollendete Großnovelle »Der Aufruhr in den Cevennen« ist eine der ersten bedeutenden Nachahmungen der Romane Walter Scotts. Tieck lehnte zwar den freizügigen Umgang mit der Geschichte bei Scott ab, doch bewunderte er ihn sehr, und es ist anzunehmen, daß dessen Roman »Old Mortality« (1816) ihm als Vorlage diente. Im Gegensatz zu Scotts Werken fehlt in Tiecks »Aufruhr in den Cevennen« der Bezug zu einer nationalen Vergangenheit; das ihn offenbar faszinierende Thema des religiösen Fanatismus (vgl. »Der Hexen-Sabbath«) wird im »Aufruhr« an einem Stoff der französischen Geschichte dargestellt. Unorganisch wirkt in diesem Roman die Gesprächstechnik, die gerade für die Kurznovellen charakteristisch ist und zum souveränen Ton beiträgt. Das vollendetste, reifste und größte Werk der Dresdner Zeit ist zweifellos der historische Roman »Vittoria Accorombona«. Hier gelang Tieck eine geschmeidige Darstellung der Historie, und er entwarf ein großartiges Zeitgemälde der Spätrenaissance. An diesem Roman erkennt man Tiecks Meisterschaft in der Gestaltung von Charakteren, Erzähltempo und Spannungsaufbau, die sonst nur seine kleinen Prosastücke auszeichnet. Von unerwartet imposanter Würde ist die Haltung der Namensheldin inmitten eines untergehenden Zeitalters, die mit stoischem Gleichmut den unaufhaltsamen Wandel der Zeit erträgt. Da dieser Roman am Ende der Dresdner Zeit erschienen ist und nie in die »Schriften« aufgenommen wurde, ist er in der Folge nicht gebührend beachtet worden; vielleicht hat dazu auch beigetragen, daß in einem weitläufigen historischen Stoff ein Kunstgespräch eingelegt ist (Tasso), das sich nicht immer glücklich mit dem Hauptthema verbindet.

Höhepunkt der Dresdner Novellistik und der Gesprächsnovelle Tiecks ist »Der junge Tischlermeister«, der in der Konzeption auf die 1790er Jahre zurückgeht. Daher stammen wohl auch die lustspielhaften Elemente und das Thema Theater. Typisch für die Spätzeit ist die Aufhebung von Standesunterschieden, das Idyllenhafte sowie die Lösung der Konflikte nach erotischen Abenteuern, so daß alle Personen nach Irrfahrten in eine stabile Gesellschaftsordnung integriert werden. Von dieser langen Gesprächsnovelle führt eine Linie hin zu Fontane und Thomas Mann.

Mehrere Novellen Tiecks sind gleichzeitig in Taschenbuch- und Buchform erschienen sowie in Sammelausgaben seiner Novellen.

»Die Gemälde«. In: Taschenbuch zum geselligen Vergnügen auf das Jahr 1822. Leipzig 1822, Dresden: Arnold 1823, S. 282–399. *Schriften*, Bd. 17, S. 1–100.

»Der Geheimnißvolle«. In: Dresdner Merkur für 1822. Dresden: Hilscher 1823. *Schriften*, Bd. 14, S. 253–382.

»Die Reisenden«. In: Taschenbuch zum geselligen Vergnügen für 1823. Dresden 1824. Neue Folge, 3. Jg. Leipzig: Gleditsch 1823, S. 143–273. *Schriften*, Bd. 17, S. 169–280. Dazu: *Yorio Nobuoka*: L. Tiecks Novelle »Die Reisenden«. Ein Beitrag zu seiner späteren Dichtung. In: Forschungsberichte zur Germanistik 7, 1965, S. 13–30.

»Die Verlobung«. In: Berliner Taschenkalender für 1823. Dresden 1823. *Schriften*, Bd. 17, S. 101–168.

»Musikalische Leiden und Freuden«. In: Rheinblüthen. Taschenbuch auf das Jahr 1824. Carlsruhe: Braun, Dresden: Arnold 1824, S. 195–303. *Schriften*, Bd. 17, S. 281–356.

»Pietro von Abano oder Petrus Apone. Zaubergeschichte«. In: Ludwig Tieck's Mährchen und Zaubergeschichten I. Breslau: Max 1825. *Schriften*, Bd. 23, S. 295–376.

»Die Gesellschaft auf dem Lande«. In: Berliner Taschenkalender auf das Gemein-Jahr 1825. S. 58–212. *Schriften*, Bd. 24, S. 391–513.

»Dichterleben. Erster Theil«. In: Urania. Taschenbuch auf das Jahr 1826, Leipzig: Brockhaus, S. 1–139.

»Dichterleben. Zweiter Teil«. In: Novellenkranz. Ein Almanach auf das Jahr 1831. Von Ludwig Tieck. 1. Jg. Berlin: Reimer, S. 1–206. Ganz: *Schriften*, Bd. 18. Neudruck beider Teile Berlin/DDR 1981.

»Der Aufruhr in den Cevennen. Eine Novelle in vier Abschnitten«. Berlin: Reimer 1826 (1. und 2. Abschnitt). *Schriften*, Bd. 26, S. 71–348.

»Glück giebt Verstand«. In: Berliner Kalender auf das Gemein-Jahr 1827. Berlin: Kön: Preuß: Kalender-Deputation, S. 176–324. *Schriften*, Bd. 19, S. 1–124.

»Der funfzehnte November«. In: Dresdner Morgenzeitung 1827. Nr. 37–49. *Schriften*, Bd. 19, S. 125–198.

»Der Gelehrte«. In: Orphea. Taschenbuch für 1828. Leipzig: Fleischer, S. 283–336. *Schriften*, Bd. 22, S. 3–52.

»Der Alte vom Berge«. In: Novellen. Breslau: Max 1823–28, Bd. 5, S. 1–208. *Schriften*, Bd. 24, S. 145–262. Dazu: *Joachim Müller*: Tiecks Novelle »Der Alte vom Berge«. Ein Beitrag zum Problem der Gattung. In: Wiss. Zs. d. Friedrich-Schiller-Univ. Jena Jg. 8, 1958–59, Gesellschafts- u. Sprachwiss. Reihe H. 4–5, S. 475–481, auch in *Segebrecht*, S. 303–321.

»Das Zauberschloß«. In: Urania. Taschenbuch auf das Jahr 1830. Leipzig: Brockhaus, S. 247–362. *Schriften*, Bd. 21, S. 187–286.

»Die Wundersüchtigen«. In: Novellenkranz auf das Jahr 1831, S. 207–368. *Schriften*, Bd. 23, S. 157–294.

»Der griechische Kaiser«. In: Urania. Taschenbuch auf das Jahr 1831. Leipzig: Brockhaus, S. 1–230. *Schriften*, Bd. 22, S. 167–388 (als »Der wiederkehrende griechische Kaiser«).

»Der Jahrmarkt«. In: Novellenkranz. Ein Almanach auf das Jahr 1832. Berlin: Reimer, S. 1–210. *Schriften*, Bd. 20, S. 1–188.

»Der Hexen-Sabbath«. In: Novellenkranz auf das Jahr 1832, S. 211–512. *Schriften*, Bd. 20, S. 189–458.

»Der Mondsüchtige«. In: Urania. Taschenbuch auf das Jahr 1832. Leipzig: Brockhaus, S. 291–372. *Schriften*, Bd. 21, S. 63–136.

»Die Ahnenprobe«. In: Urania. Taschenbuch auf das Jahr 1833, S. 167–288. *Schriften*, Bd. 23, S. 53–166.

»Eine Sommerreise«. In: Urania. Taschenbuch auf das Jahr 1834, S. 73–237. *Schriften*, Bd. 23, S. 3–156. Dazu: *Roger Paulin*: Tiecks Empfindungen vor Caspar David Friedrichs Landschaft. In: Aurora 43, 1983, S. 151–159.

»Tod des Dichters«. In: Novellenkranz auf das Jahr 1834, S. 1–347. *Schriften*, Bd. 19, S. 199–508. Neudruck Berlin/DDR 1984.

»Die Vogelscheuche. Mährchen-Novelle in fünf Aufzügen«. In: Novellenkranz. Ein Almanach auf das Jahr 1835, S. 1–418. *Schriften*, Bd. 27. Neudruck (mit »Das alte Buch«) Frankfurt 1979.

»Das alte Buch und die Reise in's Blaue hinein. Eine Märchen-Novelle«. In: Urania. Taschenbuch auf das Jahr 1835, S. 1–152. *Schriften*, Bd. 24, S. 3–144. Neudruck (mit »Die Vogelscheuche«) Frankfurt 1979.

»Eigensinn und Laune«. In: Urania. Taschenbuch auf das Jahr 1836, S. 221–356. *Schriften*, Bd. 24, S. 263–390.

»Der junge Tischlermeister. Novelle in sechs Abschnitten«. Berlin: Reimer 1836. *Schriften*, Bd. 28. Dazu: *Hans Mörtl*: Dämonie und Theater in der Novelle »Der junge Tischlermeister«. Zum Shakespeare-Erlebnis Ludwig Tiecks. In: JdShG 66, 1930, S. 145–59.

»Wunderlichkeiten«. In: Urania. Taschenbuch auf das Jahr 1837, S. 235–360. *Schriften*, Bd. 25, S. 225–340. *Schriften 1836–1852*, Bibliothek dt. Klassiker, S. 11–106 u. Kommentar S. 1071–1095.

»Die Klausenburg. Eine Gespenstergeschichte«. In: Helena. Ein Taschenbuch für 1837. Bunzlau: Appun. S. 1–124. *Schriften*, Bd. 25, S. 73–174. *Schriften 1836–1852*, Bibliothek dt. Klassiker, S. 107–191 u. Kommentar S. 1096–1112.

»Des Lebens Überfluß«. In: Urania. Taschenbuch auf das Jahr 1839, S. 1–66. *Schriften*, Bd. 26, S. 3–70. *Schriften 1836–1852*, Bibliothek dt. Klassiker, S. 193–249 u. Kommentar S. 1113–1143. Dazu: *Benno von Wiese*: Ludwig Tieck. Des Lebens Überfluß. In: Die deutsche Novelle von Goethe bis Kafka. Interpretationen, Düsseldorf 1959, S. 117–133. *Ingrid Oesterle*: Ludwig Tieck: *Des Lebens Überfluß* (1838). In: Romane und Erzählungen zwischen Romantik und Realismus. Neue Interpretationen. Hg. v. *Paul Michael Lützeler*. Stuttgart 1983, S. 231–67.

»Liebeswerben«. In: Helena. Taschenbuch für 1839, S. 1–143. *Schriften*, Bd. 26, S. 349–472. *Schriften 1836–1852*, Bibliothek dt. Klassiker, S. 251–354 u. Kommentar S. 1144–1180.

»Vittoria Accorombona. Ein Roman in fünf Büchern«. Breslau: Max 1840. Moderne Ausgabe: Stuttgart 1973, hg. v. *W. J. Lillyman*, rub 9458–63. *Schriften 1836–1852*, Bibliothek dt. Klassiker, S. 527–855 u. Kommentar S. 1241–1357.

Dazu: *Wolfgang F. Taraba*: Vittoria Accorombona. In: Der deutsche Roman vom Barock bis zur Gegenwart. Struktur und Geschichte, Bd. 1, Düsseldorf 1963, S. 329–352. *Christine E. Keck*: Renaissance and Romanticism: Tieck's Conception of Cultural Decline as Portrayed in his »Vittoria Accorombona«, Bern u. Frankfurt 1967, German Studies in America 20. – Dokumentation der Quellen im Kommentar von: L. Tieck, *Schriften 1836–1852*, Bibliothek dt. Klassiker, S. 1258–1295.

»Waldeinsamkeit«. In: Urania. Taschenbuch auf das Jahr 1841. S. 299–390. *Schriften*, Bd. 26, S. 473–567. *Schriften 1836–1852*, Bibliothek dt. Klassiker, S. 857–935 u. Kommentar S. 1358–1373.

»Gesammelte Novellen«. Breslau: Max 1835–42 enthält folgende Novellen in der Erstausgabe:

»Der Wassermensch«, Bd. 1, S. 1–94. *Schriften*, Bd. 21, S. 3–62.

»Weihnacht-Abend«, Bd. 2, S. 1–82. *Schriften*, Bd. 21, S. 137–186.

»Uebereilung«, Bd. 2, S. 241–279. *Schriften*, Bd. 21, S. 287–312.

»Der Schutzgeist«, Bd. 9, S. 1–108. *Schriften*, Bd. 25, S. 3–72. *Schriften 1836–1852*, Bibliothek dt. Klassiker, S. 355–412 u. Kommentar S. 1181–1199.

»Abendgespräche«, Bd. 10, S. 1–78. *Schriften*, Bd. 25, S. 175–224. *Schriften 1836–1852*, Bibliothek dt. Klassiker, S. 413–453 u. Kommentar S. 1200–1219.

»Die Glocke von Aragon«, Bd. 10, S. 253–358. *Schriften*, Bd. 25, S.

341–413. *Schriften 1836–1852*, Bibliothek dt. Klassiker, S. 455–526 u. Kommentar S. 1220–1240.

»Hütten-Meister, Märchen-Novelle; oder Chaotische Darstellungen, oder Wahrheit und Lüge, oder Biographie eines lebensmüden Invaliden, nebst Bekenntnissen verschiedener Art und Bemerkungen über verschiedene Gegenstände« (vor 1841). In: NS II, S. 19–32. *Schriften 1836–1852*, Bibliothek dt. Klassiker, S. 937–948 u. Kommentar S. 1374–1380.

Die Gesellschaft auf dem Lande. Novellen. Hg. v. *Viktor Liebrenz.* Berlin/ DDR 1983.

Aufgrund des großen Erfolgs seiner Novellen, vor allem aber wegen der vereinzelt geäußerten Polemik gegen die Haltung der Jungdeutschen, war Tieck in den letzten Dresdner Jahren wiederholt das Ziel scharfer Angriffe. Zunächst sah er sich dem Spott Heines in dessen »Romantischer Schule« und auch in anderen Dichtungen ausgesetzt (Vorwort zur 2. Aufl. vom »Buch der Lieder«, »Tannhäuser«). Für Heine, der Tiecks Leistung als Dichter nie leugnete, aber gegen Goethes Weltfrömmigkeit stark absetzte, war ein wesentliches Motiv seiner Tieck- und A. W. Schlegel-Kritik, daß er gerade von diesen beiden Dichtern mehr Anregungen erhalten hatte, als er zugeben wollte. Abgesehen davon veranlaßte ihn Tiecks Goethe-Nachfolge als Dichterfürst zu spöttischen Stellungnahmen. Weniger geistvoll und mit mehr moralischer Entrüstung reagierten Gutzkow, Laube, Mundt und Wienbarg auf Tiecks Äußerungen zum Jungen Deutschland in der Novelle »Eigensinn und Laune« (1835, vgl. etwa Gutzkow in ›Die Deutsche Revue‹ 1835 und Mundt in ›Literarischer Zodiacus‹ 1836, 2. Jg., No. 1, S. 1). In ihrer Reaktion gaben sie aber zu erkennen, daß sie nicht Tiecks Kunst der Prosa verurteilten, sondern die Anmaßung, sich gegen ihre politische Haltung zu wenden. Bemerkenswert ist der hohe moralische Anspruch und die Ernsthaftigkeit, mit dem etwa Mundt den »zweideutig lächelnden Aristophanes an der Elbe« durch Verweise auf die Heinse-Nachfolge in »Lovell« und »Sternbald« zu widerlegen versucht (»prickelnde Romantik des Lasters«, S. 11). Heine mißbilligte den ›Katholizismus‹ der Romantik, Mundt die moralische Zweifelhaftigkeit. Nur wenige Jahre später gehörten Laube und Gutzkow zu Tiecks eifrigsten Nachahmern als Novellenautoren, und auch in ihrer Bereitwilligkeit, sich in die Repräsentationsgesellschaft zu integrieren, als Dramaturgen in Dresden und Wien, haben sie einen durch Tieck vorgezeichneten Weg beschritten.

Harvey W. Hewett-Thayer: Tieck's Novellen and Contemporary Journalistic Criticism. In: GR 3, 1928, S. 328–360

Neben den neugeschlossenen Dresdner Freundschaften ist die Aufnahme der Beziehung zu den Brüdern Schlegel zu erwähnen. Friedrich Schlegel und Tieck trafen sich 1824 in Dresden wieder, mußten aber bald feststellen, daß Schlegels Bekenntnis zur christlichen Naturphilosophie sie voneinander entfernt hatte. Für die ältere Romantik war es ein großer Verlust, als Friedrich während der Vorlesungsreihe »Philosophie der Sprache und des Wortes« am 12. Januar 1829 in Dresden starb. Die zugesagte Vorrede zu Friedrich Schlegels Werken verfaßte Tieck nicht: zu diesem letzten Freundschaftsdienst fehlte ihm die innere Überzeugung. Im Sommer 1828 besuchte Tieck August Wilhelm Schlegel in Bonn und wurde herzlich aufgenommen, doch auch diese Freundschaft war nicht mehr von der einstigen Intensität erfüllt. Möglicherweise hat auch die Korrektur seiner Shakespeare-Übersetzung durch Tieck dazu beigetragen (s. u.). Tieck fühlte sich aus alter Loyalität verpflichtet, Heines Kritik an August Wilhelm zurückzuweisen, er schloß sich aber nicht der extremen Position an, die Schlegel nach der Veröffentlichung des Briefwechsels zwischen Schiller und Goethe bezog.

Die äußere Vornehmheit und Repräsentationsfreude, die von Tiecks Haus am Altmarkt ausging, war weniger von Amalie Tieck und ihren Töchtern getragen. Von der Gräfin Finckenstein als Salondame zurückgedrängt, durch Krankheiten geschwächt, zog sich Amalie (gest. 1837) mit den Töchtern vom gesellschaftlichen Leben zurück; bei einigen Bäderaufenthalten war die Gräfin Tiecks Reisebegleiterin. Durch ihren katholischen Glauben stand Dorothea Tieck ihrer Mutter sehr nahe; bis zu ihrem frühen Tod (21. Februar 1841) war sie die engste Mitarbeiterin ihres Vaters: als der anonyme »Freund«, der an der Shakespeare-Übersetzung mitwirkte (s. u.), und als die Übersetzerin von »Marcos Obregón« und Cervantes' »Persiles«. Auch die Korrekturen für die Novellen ihres Vaters hat sie gelesen, darüberhinaus war sie eine kluge und genaue Beobachterin Tiecks (»er ist in seiner Freundschaft unveränderlich, wie im Aufschieben aller seiner Briefe und Arbeiten«, Briefe an Uechtritz, S. 161) und seiner Freunde (bes. Raumers). Dorotheas Lebenshaltung war die einer entsagenden Innerlichkeit (»Sammlung«) und Bescheidenheit, gepaart mit einer Neigung zur Schwermut, aber auch regen intellektuellen Neugier – darin vergleichbar der katholisch-biedermeierlichen Kultur der fast gleichaltrigen Annette von Droste-Hülshoff.

Der Tod seiner Frau und seiner Tochter traf Tieck schwer. Seine letzten Dresdner Jahre waren zudem überschattet von einer Verschlechterung seines gesundheitlichen Zustandes und der als

Isolation erlebten zunehmenden Entfernung vom literarischen Geschmack des Theater- und Lesepublikums. Auch der Freundeskreis in der Residenzstadt und in Berlin um Raumer sowie eine große Anhängerschaft in Süddeutschland (bes. Wolfgang Menzel und Justinus Kerner) konnten seiner Resignation nicht entgegenwirken. Als im Sommer 1841 vom jungen König Friedrich Wilhelm IV. von Preußen eine Einladung nach Berlin an Tieck erging, war Tieck innerlich schon fast zur Übersiedlung entschlossen; im Herbst 1842 zog er endgültig nach Berlin.

IV. Tiecks Gelehrtentätigkeit und Essayistik

Neben seinen Verdiensten als einem der bedeutendsten Schöpfer der literarischen Romantik, als Mitbegründer der Germanistik, muß Tieck auch als »Vater der Anglistik« (Henry Lüdeke) gewürdigt werden. Im Gegensatz zu A. W. und Fr. Schlegel suchte er nicht, ein großes historisch-philosophisches Bild zu entfalten oder die englische Literatur streng wissenschaftlich zu erfassen. Seine Bemühungen um die englische Literatur beschränken sich praktisch auf die Epoche 1550–1630 und gelten der Erhellung und Deutung einer einzigen großen Gestalt – Shakespeare. Tieck leitet die Überzeugung, daß Shakespeare – im Sinne von Herders organischer Entwicklung – aus seiner Zeit und Kultur hervorgegangen ist; daher ist Tieck ein umfassendes Studium dieser organischen Einheit von Theaterpraxis und Dramen der Zeit ein dringendes Anliegen. Darüberhinaus schätzt er Shakespeare – wie Dante und Cervantes – als universale Erscheinung, als »Erzpoeten« (Brief an A. W. Schlegel, 23. 12. 1797), der wie kein anderer zugleich Naturhaftigkeit und Poesie verkörpert. Zweifellos konnte ein so gefaßtes Shakespeare-Verständnis nicht zu einer wissenschaftlich-philologischen Anglistik führen, wie sie sich im Laufe des 19. Jh.s entwickelte; bereits zu Lebzeiten Tiecks wurden seine Arbeiten von der strengen Literaturwissenschaft abgelehnt. Aber ohne sein Engagement, sein enormes Gelehrtenwissen, seine Skepsis gegenüber althergebrachten Meinungen, sein Bemühen um Textkritik und Datierung ist die heutige Shakespeare-Forschung nicht zu denken, und darin besteht recht eigentlich die Leistung Tiecks als »Vater der Anglistik«.

Zu Tiecks elisabethanischen Studien immer noch unentbehrlich:
H. Lüdeke: Ludwig Tieck und das alte englische Theater. Ein Beitrag zur Geschichte der Romantik, Frankfurt am Main 1922, Deutsche Forschun-

gen 6. – Bedeutende Besprechung durch *Walther Fischer*: Ludwig Tiecks Shakespeare. In: Die neueren Sprachen 34, 1926, S. 102–108.

Auch: *Annamaria Borsano Fiumi*: La critica shakespeariana di Ludwig Tieck, Milano 1970.

(a) Tieck und Shakespeare

Das Studium Shakespeares war für Tiecks Schaffensjahre von 1790 bis 1840 die gleichsam ›seismographische Begleitung‹, zwischen 1810 und 1820 beinahe ausschließlicher Gegenstand der literarischen Bemühungen. Tiecks wirkliche Verdienste um Shakespeare liegen nicht auf dem Gebiet wissenschaftlicher Kritik; über all die Jahre der Auseinandersetzung mit dem Dichter entsprach seine Verehrung Shakespeares unverändert dem Sinn seiner Jugendverse in »Die Sommernacht«:

> Und gold'ne Phantasien schweben dir vorüber!
> O singe, wie vor dir noch Keiner sang,
> Wie nach dir nimmer Einer singen wird! (NS II, S. 15)

Tieck stellte im Sinne des historischen Synkretismus der Romantik Bezüge her, die von der Shakespeare-Philologie vor ihm nicht erkannt worden waren. Die beginnende Beschäftigung mit Shakespeare im 18. Jh., sowohl in der Kritik als auch auf der Bühne (Eckhof, Lessing, Eschenburg, Schröder, Fleck), nicht also im Shakespeareenthusiasmus des Sturm und Drang (den er in anderem Zusammenhang zwar anerkennt), erachtet Tieck für den Beginn der Erneuerung des deutschen Theaters. Er ist der erste deutsche Kritiker, der die Epoche Shakespeares als Ausläufer des Mittelalters versteht, Verbindungen zwischen elisabethanischem Theater und dem spanischen direkt herstellt und es nicht beim bloßen Bekenntnis zu den Namen Shakespeare und Calderón beläßt. Ebenfalls verwies er als erster auf die Herkunft der deutschen Wanderbühne aus dem elisabethanischen Theater. Diese Erkenntnisse leisteten mehr einen Beitrag zur Bereicherung der deutschen Kultur als zur Erweiterung des Wissens um Shakespeare (vgl. Tiecks Bemühungen um eine Erneuerung des Nationaltheaters und um die Vermittlung eines umfassenden Bildes von Shakespeare als Bühnendichter). Selbst Tiecks oftmals beklagte Besessenheit, mit der er sich dem Studium des altenglischen Theaters und der pseudo-shakespeareschen Stücke (»suppositious plays«) widmete und seine höchst eigenwilligen Datierungsversuche sind insofern zu würdigen, als die Shakespearekritik bis dahin und selbst die englische Forschung im 19. Jh. diesen Bereich kaum ernsthaft in eine komplexe Erforschung des elisabethanischen Theaters einbezogen haben. Bedenklicher ist Tiecks Voreingenommenheit gegenüber aller andersorientierten Kritik, der englischen vor allem, auch der Eigensinn, mit dem er einen Kanon echter Shakespearedramen aufstellte und die damit verbundene einseitige Hervorhebung des jungen Shakespeare bei gleichzeitiger Geringschätzung begabter Zeitgenossen wie Marlowe. Tiecks Shakespeare-Studien lassen sich in zwei Bereiche gliedern: die Bemühung um eine große, umfassende Studie über den Dichter (»Das Buch über Shakespeare«) und um eine richtige und würdige Übersetzung seiner Werke. »Das Buch über Shakespeare«, trotz Henry Lüdekes verdienstvoller Zusammenstellung der verschiedenen Nachlaßfragmente über Shakespeare, ist nicht nur ein ungeschriebenes Werk, sondern selbst als Vorhaben Tiecks (eine erste Erwähnung dieses Projekts stammt aus dem Jahre 1793!, vgl. Schweikert, Bd. 2, S. 118–145) fast eine Fiktion; denn seine Arbeitsweise war von wechselndem Interesse geleitet, und er besaß nicht die Systematik, die für die Ausführung erforderlich gewesen wäre.

»Das Buch über Shakespeare«. Handschriftliche Aufzeichnungen von Ludwig Tieck. Aus seinem Nachlaß hg. von *Henry Lüdeke*, Halle 1920, Neudrucke deutscher Literaturwerke des 18. u. 19. Jahrhunderts 1. (Ein Teil dieses Materials in gekürzter Form schon in NS, Bd. 2, S. 94–158).
S. auch *Lüdeke*, Ludwig Tieck und das altenglische Theater. – Zum unveröffentlichten Nachlaßmaterial über Shakespeare gehören auch Tiecks Marginalien zu seinem Shakespeare-Exemplar, Payne Collier, Hazlitt und Mrs. Jameson.
Dazu *Hewett-Thayer*: Tieck and the Elizabethan Drama: His Marginalia.

Aus Tiecks mehr oder weniger fragmentarischen Aufzeichnungen geht hervor, wie stark er nicht nur in seiner Dichtung, sondern auch in seiner Kritik auf die verschiedensten ästhetischen Diskussionen seiner Zeit reagierte. Im ersten Versuch über Shakespeare, der Besprechung der Boydell-Galerie, versucht er die Thesen aus Lessings »Laokoon« mit den Genie-Vorstellungen des Sturm und Drang zu verbinden. Im Sinne Lessings, Eschenburgs oder Elizabeth Montagus ist er in dem mit Recht berühmten Essay »Shakspeare's Behandlung des Wunderbaren« bemüht, die Forderungen des Verstandes, des »Zwecks«, der Mäßigung gegenüber den irrationalen Kräften der Phantasie und des Fragmentarischen aufrechtzuerhalten. Eine Besprechung des »Sturms« ist diese kleine Abhandlung kaum; vielmehr dokumentiert sie Tiecks Auseinandersetzung mit den in der Aufklärung und im Sturm und Drang verbreiteten Auffassungen von Theater und Bühne: Shakespeares Dichtungen geben ein Beispiel für Vollkommenheit der theatralischen Wirkung durch Maß und Zweckmäßigkeit. Notizen zu Shakespeare von ca. 1794 (NS, Bd. 2, S. 148–153) lassen bereits eine merkliche Akzentverschiebung erkennen. In Analogie zu den in »Abdallah« und »William Lovell« behandelten Themen – beiden Werken ist ein Shakespearemotto vorangestellt – interessieren Tieck nunmehr Vorstellungen von »unvergnügter Seele« und »Vergänglichkeit«. In der Nachbemerkung zu »Shakspeare's Behandlung des Wunderbaren« kündigt Tieck eine umfassende Shakespeare-Studie in zwölf Abschnitten an, die, wie aus der Gliederung hervorgeht, den Keim zu vielen seiner späteren fragmentarischen Versuchen enthält. In den Aufzeichnungen von ca. 1794 hatte Tieck eine allgemeine Charakterisierung der Dramen und Gestalten Shakespeares angestrebt (BüSh, S. 1–364); in dem längeren Bruchstück, das Lüdeke in die Zeit um 1797/98 datiert (NS, Bd. 2, S. 126–135; BüSh, S. 365–394), ist das Detailstudium durch ein integrales Erfassen der Erscheinung Shakespeares ersetzt. Der Einfluß Friedrich Schlegels (Vergleich mit dem griechischen Drama, Auseinandersetzung mit Lessing und Goethe) und Schillers (»Über naive und sentimentalische Dichtung«) ist unverkennbar. Hier geht es Tieck weniger um den Bühnendichter als um das Genie Shakespeare (»sein Kunsttrieb ist sein Gesetz«), das mit herkömmlichen Gattungskategorien nicht mehr zu erfassen ist. Ein nicht datierbarer späterer Entwurf (ca. 1800) (NS, Bd. 2, S. 136–144, BüSh, S. 395–403) nimmt diese Gedanken in einer grundsätzlichen Erörterung von Drama, Manier und Geschmack auf, um daran anschließend die Entwicklung der griechischen und der modernen Bühne zu behandeln. Bemerkenswert ist, daß Tieck sich in diesem Bruchstück, wie auch an anderer Stelle, gleichzeitig mit dem elisabethanischen Genie und Goethe auseinandersetzt. In den »Briefen über W. Shakspeare« ist Tieck bemüht, die Erscheinung Shakespeare und die durch ihn mitentstandene Nationalkultur als eine lebendige Einheit, das Individuum als Verkörperung stellvertretend für die gesamte Geschichte einer Nation zu erfassen. Bereits in diesem Ansatz zeichnet sich Tiecks Bemühung um die Biographie Shakespeares ab, zu deren Erschließung er die Sonette als Hauptquelle ansah. Eine Übersicht des geplanten Buches, die 1810 entstand (NS, Bd. 2, S. 145–148, BüSh, S. 404–407), zeigt, wie sich Tiecks Interesse nun ganz auf den Menschen Shakespeare konzentriert, und er teilt Shakespeares Schaffen in drei Phasen ein (»episch-heroisch«, »romantisch«, »Menschenkenner«). Dieses Bruchstück – kein Fragment im Sinne Friedrich Schlegels – ist das letzte seiner Planfragmente. Von nun an liegen Vorstufen zu einem größeren Entwurf vor: zunächst das »Alt-Englische Theater« (1811), in dessen Vorrede Tieck vorbereitend die Entwicklung des englischen und spanischen Nationaltheaters aus dem historisch-poetischen, bzw. romantisch-poetischen Geist darlegt und in Anknüpfung daran sich dessen Kulmination, Shakespeare zuwendet. Für Tieck gehört notwendig zur Erstellung eines sachgerechten Shakespearebildes die Kenntnis seiner Werke und das Wissen um sein Schaffen: daher übersetzt er Dramen, die entweder im Umkreis Shakespeares entstanden sind (»Lustiger Teufel von Edmonton«, »Flurschütz von Wakefield«) oder Shakespeare durch Tieck neuzugeschrieben werden (alter »König Johann«, alter »Lear«, »Lokrine«) oder aus der frühesten Schaffensperiode stammen (»Perikles«). Tieck gelangte zu diesen teilweise höchst eigenwilligen Zuweisungen aufgrund seines historisch-patriotischen Interesses an Shakespeare, das er in diesen Stücken zu finden glaubte.

»Alt-Englisches Theater. Oder Supplemente zum Shakspear«. Übersetzt und herausgegeben von Ludwig Tieck. Berlin: Realschulbuchhandlung 1811. 2 Bde.

Die Bemühung um das Historische, das auch mit Plänen zu historischen Dramen (vgl. auch A. W. Schlegels Wiener Vorlesungen und Fr. Schlegels Karl V.-Pläne) und dem Wunsch nach einer Stelle als Theaterleiter im Zusammenhang steht, zeigt sich am offensichtlichsten in den zwei erhaltenen Kapiteln des »Buches über Shakespeare« (1815) (NS, Bd. 2, S. 96–126, BüSh, S. 408–436).

Curt Cramer: Ludwig Tieck und die Geschichte, Diss. Masch. Leipzig 1924.

Im »Alt-Englischen Theater« entfaltet Tieck ein breites historisches Spektrum, das im Herderschen Sinne die »Eigenthümlichkeit« einer Nation im geschichtlichen Prozeß veranschaulichen soll; in der Nation erkenne man die »heilige Wurzel der Staaten, die Quelle der Vaterlandsliebe«. Die Darstellung des Mittelalters läßt den Herausgeber des »Frauendienstes« und den Kenner des »Heldenbuches« erahnen. Von nun an ist Tiecks Interesse vornehmlich auf die historischen Bedingungen von Shakespeares Leben und Bühnenwirken, sowie auf die Grundlagen seines Schaffens in den »Old Plays« gerichtet. Der Englandbesuch galt an erster Stelle der Erforschung von Dramen aus Shakespeares Umkreis, die Tieck in Deutschland nicht zugänglich waren. Er ließ durch den jungen

Nathanael von Schlichtegroll (1794–1859), den späteren Münchner Archivisten, 23 Dramen ganz oder teilweise abschreiben. Vier davon (»Die schöne Emma«, »Die Geburt des Merlin«, »Die Hexen in Lancashire«, »Der Tyrann, oder die Jungfrauen-Tragödie«) bilden zusammen mit »Pater Baco« und »Arden von Feversham« das Textcorpus von »Shakspeare's Vorschule« (1823–29).

»Shakspeare's Vorschule«. Herausgegeben und mit Vorreden begleitet von Ludwig Tieck. Leipzig: Brockhaus. Bd. 1: 1823. Bd. 2: 1829.

S. *Werner Deetjen*: Goethe und Tiecks elisabethanische Studien. Ein Fund im Goethe-und-Schiller-Archiv. In: JdShG 65, 1929, S. 175–183.

James Trainer: Some Unpublished Shakespeare Notes of Ludwig Tieck. In: MLR 54, 1959, S. 368–377.

Drei weitere frühe Dramen, die den 3. Band für *Shakspeare's Vorschule* bilden sollten und 1847 an Brockhaus geschickt wurden, hat *Johannes Bolte* aus dem Nachlaß herausgegeben. Der ursprüngliche Druck kam nicht zustande, weil Tieck die Vorrede nie lieferte.

»Mucedorus, ein englisches Drama aus Shaksperes Zeit übersetzt von Ludwig Tieck«. Berlin 1893.

»Niemand und Jemand. Ein englisches Drama aus Shakespeare's Zeit, übersetzt von Ludwig Tieck«. In: JdShG 29–30, 1894, S. 4–91.

»Das schöne Mädchen von Bristol. Ein englisches Drama aus Shakespeare's Zeit, übersetzt von Ludwig Tieck«. In: JdShG 31, 1895, S. 126–164.

1836 hat Tieck vier weitere mutmaßliche Stücke herausgegeben:
»Vier Schauspiele von Shakspeare. Uebersetzt von Ludwig Tieck« [eigentlich von Wolf von Baudissin]. Stuttgart und Tübingen: Cotta 1836. *(Eduard der Dritte, Thomas Cromwell, Sir John Oldcastle, Der Londoner verlorne Sohn).*

Da es für Tieck unvorstellbar erscheint, daß die erste Blüte des elisabethanischen Theaters ohne die Beteiligung Shakespeares überhaupt hätte stattfinden können, ist er bemüht, auch frühere Stücke, die mit Shakespeares anerkannte Ähnlichkeit besitzen (vgl. »Arden«/»Macbeth«), zuzuschreiben oder zumindest seine Mitverfasserschaft zu postulieren. In der Vorrede zu »Shakspeare's Vorschule« erkennt man das biographische Interesse, das in »Dichterleben« fiktive Gestalt annehmen sollte: der junge Shakespeare, Henslow, Green, Marlowe, Southampton. Für die biographischen Studien waren die Sonette von entscheidender Bedeutung; Nathan Drake's »Shakspeare and His Times« (London 1817) hatte wohl Anregung dazu gegeben. Nicht nur der Wunsch, Shakespeares Leben nachzuzeichnen, sondern auch der, alle Werke des großen Dichters in Übersetzung vorzulegen, mögen Tieck bewogen haben, den seit 1801 verschobenen Plan einer Übertragung der Sonette durch Dorothea ausführen zu lassen.

»Ueber Shakspears Sonette einige Worte, nebst Proben einer Uebersetzung derselben. Von L. Tieck«. In: Penelope. Taschenbuch für 1826. Hg. von Theodor Hell. Leipzig S. 314–339.
Eine unveröffentlichte Übersetzung der restlichen Sonette befindet sich im Nachlaß (Kapsel 17).
dazu: *Ludwig W. Kahn*: Ludwig Tieck als Übersetzer von Shakespeares Sonetten. In: GR 9, 1934, S. 140–42.
Käthe Stricker: Dorothea Tieck und ihr Schaffen für Shakespeare. In: JdShG 72, 1936, S. 79–92.

Während seines Englandaufenthaltes war Tiecks Aufmerksamkeit natürlich auch auf das Theater und die Interpretation von Shakespeare-Rollen durch große Schauspieler gerichtet. Ein Großteil der »Dramaturgischen Blätter« befaßt sich mit der Interpretation von Shakespeare und den Problemen einer poetisch und historisch gerechten Inszenierung seiner Schauspiele. Besonders hervorzuheben sind Tiecks »Romeo und Julia«-, »Lear«-, und »Hamlet«-Besprechungen. Vor allem die »Hamlet«-Interpretation weist eine gewisse Eigenwilligkeit und Willkür auf; Tieck reagiert – wohl mit Recht – auf das Hamletverständnis der Wertherzeit mit dem Versuch, nicht nur Hamlet, sondern auch die ihn umgebenden Figuren rollengerechter, aber auch einseitiger als Mitträger des Handlungsverlaufs zu werten. Bemerkenswert ist, daß ein namhafter Shakespeare-Forscher des 20. Jh.s sich in einigen Punkten Tiecks Hamlet-Interpretation nähert (G. Wilson Knight: The Wheel of Fire, London 1930). Shakespeares Name dient als Bürge für die Absolutheit wahrer Dichtung in den polemischen Stellungnahmen zu trivialen literarischen Moden; so in der Besprechung von Eduard Gehes »Anna Boleyn« (»Dramaturgische Blätter«, Bd. 1, S. 41 ff.), in der Tieck ein »Ruhen auf dem Vaterlande«, »ein Berufen auf das Höchste im Staat und in eigener Geschichte« (S. 42) zum Ideal erhebt und damit indirekt auch an Goethe Kritik übt.

Eine Besprechung der Rolle von Lady Macbeth aus dem Jahr 1826 befindet sich in NS, Bd. 2, S. 154–58 (»Lady Macbeth«). Gekürzte Fassung von »Ueber die Aufführung des Macbeth von Shakspear . . .«, Dresdner Abend-Zeitung 10.–13. Februar 1826.

Die Gestalt Shakespeares ist in »Göthe und seine Zeit« wiederum der kritische Maßstab, an dem das Verhältnis des Dichters zu Vaterland und Geschichte bewertet wird (s. u.). Vielleicht ist die teilweise verunglückte Trilogie »Dichterleben« in diesem Sinne als »Dichtung und Wahrheit« zu verstehen (Lüdekes Vermutung), nämlich als Überwindung des darin enthaltenen Spannungsverhältnisses; der junge Shakespeare wird als Gegenbild zu Goethe dargestellt, wie ihn Tieck vor allem in der späten Entwicklung ablehnt (Griechentum, Ablehnung der historischen Dichtung, Kosmopolitismus). Zu sehr jedoch ist die Gestalt Shakespeares Träger der historischen und moralischen Ideale Tiecks; sie vermittelt kein glaubwürdiges Shakespearebild; die Figur des Dichters bleibt farblos und leblos, seine Vorzüge und Tugenden werden zu einseitig hervorgehoben, besonders im Gegensatz zu Marlowe. Offensichtlich verlieh Tieck in »Dichterleben« auch seiner Kritik an Walter Scotts Roman »Kenilworth« Ausdruck, dessen historischen Hintergrund ebenfalls das Zeitalter Shakespeares bildet. Doch war es Scott im Gegensatz zu Tieck gelungen, ein anschauliches Bild der Shakespearezeit zu vermitteln. Vielleicht ist die Behauptung, die Novellentrilogie sei eine künstlerische Umgestaltung des »Buches über Shakespeare« nicht ganz richtig. Beide Pläne existierten lange Zeit nebeneinander (mindestens seit 1800) und in den 1820er und 1830er Jahren wurde die Künstlernovelle zu Tiecks bevorzugtem Medium ästhetischer Bekenntnisse.

Wenn Tiecks kritisches Bemühen um Shakespeare größtenteils nur historisch gewürdigt werden kann, so bleibt sein Name bis heute mit der klassischen deutschen Übersetzung von Shakespeares Werken, der von Schlegel–Tieck, engstens verbunden. Tiecks Anteil an der eigentlichen Übersetzungsarbeit war gering (mit Ausnahme von »Love's Labour's Lost« und »Macbeth«), aber er hat als Berater und Editor der Übersetzung unverkennbar den Stil seiner Persönlichkeit verliehen. An der ersten Schlegelschen Übersetzung war Tieck nicht beteiligt (1797–1810). Seine frühe Übertragung des »Sturms« zeigt deutlich, wie weit er damals von Schlegels Genauigkeit, Einfühlungsvermögen und verstechnischem Können entfernt war (s. Lüdeke, S. 186–195); es war geplant, daß er parallel zu A. W. Schlegels Übersetzungsprojekt Ben Jonson und dann die »Old Plays« übersetzen sollte, was allerdings in diesem Rahmen nicht geschehen ist. Dennoch arbeitete er in den Jahren 1808–1809 an »Love's Labour's Lost« (schon der Titel »Liebes Leid und Lust« ist eine Fehlübersetzung!), mit der Absicht, es in Schlegels Ausgabe aufnehmen zu lassen; die Übersetzung blieb Fragment.

H. Lüdeke: Zur Tieck'schen Shakespeare-Übersetzung. In: JdShG 55, 1919, S. 1–29. [veröffentlicht das Fragment].

Als Übersetzer tat sich Tieck nur im »Alt-Englischen Theater« hervor (»Lokrine« stammt von einem unbekannten »Freund« – möglicherweise Wilhelm v. Schütz), z. T. auch in »Shakspeare's Vorschule« und in »Vier Schauspiele von Shakspeare« (wahrscheinlich aber Wolf von Baudissin). An seinem Engagement, diese Stücke der Öffentlichkeit zugänglich zu machen, wird offenkundig, welch übermäßige Bedeutung er ihnen hinsichtlich Shakespeares Schaffen beimaß.

Die Schlegelsche Shakespeare-Übersetzung weist vor allem zwei Mängel auf, die auch die spätere Redaktion Tiecks nicht beheben konnte: 1. Shakespeare wird in der Sprache des deutschen Idealismus wiedergegeben. 2. Schlegel hat gegen Carolines Anraten (Caroline, Bd. 2, S. 152) bei weitem nicht alle bedeutenden Stücke übersetzt (vor allem »Hamlet«, »Julius Cäsar«, »Sommernachtstraum«, »Sturm«) und hat im Sinne des romantischen Shakespeareverständnisses die Historien vorgezogen. Die ersten metrischen Übertragungen vieler erstrangiger Dramen gelangen den Voss-Söhnen. Schlegel verlor zusehends das Interesse an seinem Vorhaben und übertrug Tieck 1819 die Fortführung, für die 1824/25 Tieck mit dem Verleger Reimer einen Vertrag abschloß. Zu übersetzen blieben noch 19 Stücke, darunter »Lear«, »Macbeth« und »Othello«, sowie das schwierige »Love's Labour's Lost«. Die eigentliche Übersetzungsarbeit ist die Leistung von Wolf von Baudissin (ab 1827; 13 Stücke, außerdem Tiecks Ausgabe von »Vier Schauspiele von Shakspeare«) und von Dorothea (6 Stücke und höchst wahrscheinlich ein Großteil von »Shakspeare's Vorschule«; Sonette). Baudissin, der aus Schlegels Schule hervorgegangen war, eignete sich für diese Arbeit weitaus besser als Dorothea, deren »Macbeth«-Übersetzung bedauerlicherweise zahlreiche Schwächen aufweist. Beide Übersetzer haben ihre Arbeit der berühmten »Corrigirstunde« bei Tieck unterzogen und von ihm letzte Übersicht und Anleitungen erhalten. Schlegels Übersetzung entging – zu seiner Entrüstung – dieser Korrektur nicht (SW, Bd. 7, S. 281–302), und auch neue Verbesserungsvorschläge Schlegels mußten bei der Neuauflage 1839/40 berücksichtigt werden.

»Shakspeare's dramatische Werke. Uebersetzt von August Wilhelm von Schlegel, ergänzt und erläutert von Ludwig Tieck«. Berlin: Reimer 1825–1833. 9 Bde. 2. Auflage Berlin 1839–40. 12 Bde. 3. Auflage Berlin 1843–44. *Bernd Goldmann*: Wolf Heinrich Graf von Baudissin.
W. Schulz: Der Anteil des Grafen Wolf Baudissin an der Shakespeareübersetzung Schlegel–Tiecks. In: ZfdPh 59, 1934–35, S. 52–67

Vor allem die Anmerkungen Tiecks in dieser Ausgabe erregten in philologischen Kreisen Anstoß und Ärger. 1844 rügte der englische Forscher Alexander Dyce (1798–1869) den anmaßenden Ton Tiecks, 1846 verurteilte sie der deutsche Anglist Nicolaus Delius (1813–1888) als unqualifiziert.

Alexander Dyce: Remarks on Mr. J. P. Collier's and Mr. C. Knight's Editions of Shakespeare, London 1844, bes. S. 192–93.

Die Tieck'sche Shakespearekritik beleuchtet von *N. Delius.* Ein Supplement zu Shakspeare's dramatischen Werken. Uebersetzt von A. W. von Schlegel, ergänzt und erläutert von Ludwig Tieck, Bonn 1846. Nachdruck Hildesheim 1981.

Erst in der von dem Anglisten Hermann Ulrici besorgten Ausgabe wurden die Versehen der vorherigen Editoren berücksichtigt und die Fehler soweit als möglich korrigiert (Weimar, 1867–71). Bei den deutschsprachigen Bühnen hat die Schlegel–Tiecksche Übersetzung nicht immer ungeteilte Zustimmung gefunden, denn das Literarische der Übersetzung erschwere ein nuanciertes Sprechen (vgl. schon die Kritik von E. Devrient und Laube); gleichwohl werden bis heute Shakespeares Werke – gekürzt oder überarbeitet – weitgehend in der Übersetzung von Schlegel–Tieck aufgeführt.

Walter Jost: Stilkrise der deutschen Shakespeare-Übersetzung. In: DVjs. 35, 1961, S. 1–43.

Um Shakespeares Dramen richtig verstehen zu können, war für Tieck eine Aufführungspraxis erforderlich, die der ›originalen‹ möglichst nahe kommen sollte. Als Dramaturg wußte er allerdings, daß zwischen seinen Vorstellungen von einer elisabethanischen Bühne und dem Geschmack des Theaterpublikums ein Kompromiß getroffen werden mußte. In der Novelle »Der junge Tischlermeister« wird im Verlauf der Handlung das Schauspiel »Was ihr wollt« auf einer nachkonstruierten modernen Bühne zur Aufführung gebracht. Seinen Vorstellungen entsprach eine Bühne, die auf Illusion, Distanz zum Publikum und Dekoration möglichst verzichten sollte, dergestalt, daß die Handlung auf eine Vorderbühne und auf ein von Säulen getragenes Gerüst (Oberbühne) verlegt wird. Dadurch sollte ein ununterbrochenes Spiel auf einem »allgemeinen«, nicht verwandelten Spielort stattfinden können (vgl. die Besprechung von »Romeo und Julia« in den »Dramaturgischen Blättern«). Tiecks Konzept einer shakespearegerechten Bühne deckt sich weitgehend mit den Ideen einer illusionsfernen »Reformbühne«, wie sie im Laufe des 19. Jh.s entwickelt wurden. In Dresden versuchte Tieck seine Vorstellungen auf der Hoftheaterbühne durch möglichsten Verzicht auf Dekoration und Szenenwechsel zu verwirklichen (bes. die »Macbeth«-Aufführung von 1836).

Edgar Gross: Die ältere Romantik und das Theater, Hamburg und Leipzig 1910, Theatergeschichtliche Forschungen 22, bes. S. 74–95.
Erich Schumacher: Shakespeares Macbeth auf der deutschen Bühne, Emsdetten 1938, Die Schaubühne 22, bes. S. 162–171.
Hans-Martin Kemme: Ludwig Tiecks Bühnenreformpläne und -versuche

und ihre Wirkung auf die Entwicklung des deutschen Theaters im 19. und 20. Jahrhundert. Ein Beitrag zur Form- und Ideengeschichte der Bühnengestaltung, Diss. FU Berlin 1971.

Im Jahre 1843, als König Friedrich Wilhelm IV. im Neuen Palais in Potsdam eine Bühne nach Tiecks Entwürfen hatte einrichten lassen, kam es zur berühmten Aufführung des »Sommernachtstraums« am 14. Oktober. Tieck mußte bei der Inszenierung die Bühnenmusik Felix Mendelssohn-Bartholdys berücksichtigen, was bei der Akteinteilung und dem Spieltempo sowohl für den Regisseur als auch den Dirigenten zu Schwierigkeiten führte. Doch bezeichnet diese historische Aufführung den Beginn der Rezeption des »Sommernachtstraums« auf dem deutschen Theater.

Julius Petersen: Ludwig Tiecks Sommernachtstraum-Inszenierung. In: Neues Archiv für Theatergeschichte 1, 1930, S. 163–198.
Friedhelm Krummacher: »fein und geistreich genug«. Versuch über Mendelssohns Musik zum *Sommernachtstraum.* In: Das Problem Mendelssohn. Hg. von Carl Dahlhaus, Regensburg 1974, Studien zur Musikgeschichte des 19. Jahrhunderts 41, S. 89–117.

(b) Tieck und Ben Jonson

Bereits 1793 konnte Tieck als Göttinger Student durch Eschenburgs Vermittlung die seltene Folio-Ausgabe von Jonson (London 1692) erwerben. In dieses Exemplar übertrug er einige Anmerkungen Whalleys (1756) und sämtliche Giffords (1816). Aus diesem Umstand erhellt sich, mit welcher Intensität sich Tieck dem großen Zeitgenossen Shakespeares widmete. Dennoch konnte er sich zu keiner größeren Arbeit über Jonson entschließen. Dabei wirkten besonders zwei Faktoren: 1. In den Shakespearefragmenten und -vorreden wird Jonson häufig als gelehrter Dichter Shakespeares Naturgenie entgegengestellt, außerdem als Satiriker vorgeführt, der sich erkühnt hatte, den jungen Shakespeare zu persiflieren. Für Tieck sind das schon Gründe, Jonson seine Anerkennung zu entziehen. 2. Jonson dient Tieck weitgehend nur als Folie zu Shakespeare. Bemühungen englischer Kritiker, Jonson, wie auch Marlowe, Webster oder Dryden, gebührend zu würdigen, lehnt Tieck ab. Ein großer Teil der übertragenen Randbemerkungen nehmen daher Bezug auf Shakespeare und nicht auf den eigentlichen Gegenstand. Aber selbst bei dieser eher kritischen Haltung zu Jonson bekunden Tiecks erhaltene Notizen zu diesem Dichter ein enormes Detailwissen, das in den veröffentlichten elisabethanischen Studien nur stellenweise zu erkennen ist.

Offenbar befaßte sich Tieck in den 1790er Jahren mit dem Gedanken, Jonson zu übersetzen, sogar als Pendant zu Schlegels Übersetzungs-Projekt. Die Bearbeitung des »Volpone« aus dem Jahre 1793 (gedruckt 1798) war sein erster Versuch aus der Studienzeit, analog der Übertragung von Shakespeares »Sturm«. Diese Adaption und Modernisierung zeigt deutlich das Talent des jungen Dichters, weist aber nur noch wenig von Jonsons beißender Schärfe und ungeheuren Gestalten auf. An der Übersetzung von »Epicoene« (1800), die genauer ist als die »Volpone«-Bearbeitung, werden wiederum die Grenzen romantischer Übertragungsversuche deutlich: die Unzulänglichkeit der Sprache des 18. Jh.s einen Text wiederzugeben, für den das ganze barocke Erbe der deutschen Sprache erforderlich wäre (Lüdeke, S. 195–201).

Hermann Stanger: Der Einfluß Ben Jonsons auf Ludwig Tieck. Ein Abschnitt aus Tiecks Leben und Dichten. I. Tiecks Übersetzungen und Nachahmungen Ben Jonsons 1793–1800. In: Studien zur vergleichenden Litteraturgesch. 1, 1901, S. 182–227. II. Der »Anti-Faust« 1801, ebda. 2, 1902, S. 37–86.

Walther Fischer: Zu Ludwig Tiecks elisabethanischen Studien: Tieck als Ben Jonson-Philologe. In: JdShG 62, 1927, S. 98–131 (benutzt Marginalien und Nachlaßmaterial).

Fritz Wölcken: Shakespeares Zeitgenossen in der deutschen Literatur, Berlin 1929, Neue Forschung 5.

H. Hewett-Thayer: Tieck and the Elizabethan Drama.

(c) Tiecks Herausgebertätigkeit

Tiecks Name bleibt bis heute mit den Erstausgaben von Novalis, Maler Müller, Kleist und Lenz engstens verbunden und nimmt in der Rezeptionsgeschichte dieser Dichter eine besondere Stellung ein, wenn auch die Nachwirkungen dieser Editionen heute teilweise sehr umstritten sind. Verschiedene Gründe mögen Tieck zur herausgeberischen Tätigkeit bewogen haben: persönliche Freundschaft (Novalis) oder Bekanntschaft (Müller, Kleist) oder die Absicht, nicht mehr bekannte Dichter wieder ins Bewußtsein der Öffentlichkeit zu bringen. Es ist sicher richtig, Tiecks uneigennützige Bemühungen um das Andenken dieser Dichter als eine seiner dauerndsten Leistungen anzusehen; andere, weniger selbstlose Gründe haben ihn möglicherweise auch zu diesen Unternehmen veranlaßt: Alle vier Dichter nahmen gewissermaßen eine Gegenposition zum späten Goethe ein – oder konnten zumindest so interpretiert werden –, und sowohl Lenz' als auch Müllers Werke zeugten davon, wie weit Goethe von seinen Sturm- und Drang-Anfängen abgewichen war (für Tieck liegt Goethes Hauptleistung zeitlich vor der Italienischen Reise, einschließlich der »Iphigenie« und des »Tasso«). Schließlich lassen sich Verbindungen herstellen zwischen allen vier Dichtern und Tiecks eigenem literarischen Bestreben: zwischen »Sternbald« und »Heinrich von Ofterdingen« als Fortsetzung des frühromantischen Künstlerromans, zwischen Kleists Geschichtsdramen (Tieck schätzte sie besonders) und der angestrebten Erneuerung eines Nationaltheaters; Lenz als der Dichter des ›offenen‹ Dramas; Müller als der lebensnah-sinnenfrohe Idylliker (vgl. Tiecks »Schriften«, Bd. 4, S. 417 f., Bd. 21, S. 123 f.) und der Dichter des religiös-mediävisierenden »Golo und Genoveva«.

Obwohl in den ersten fünf Auflagen der Novalis-Edition Friedrich Schlegel als Mitherausgeber angeführt wird, sind Anordnung der Texte, die Vorreden und teilweise die Auswahl ausschließlich das Werk Tiecks. Die Fragmente Goethe und »Wilhelm Meister« betreffend wurden dahingehend gekürzt und so ediert, daß Novalis als ein Opponent Goethes erscheint (die Vorrede zur 3. Auflage verstärkt diesen Eindruck) und Novalis' Bewunderung für Goethe kaum noch übermittelt ist. Durch die Vorreden zu der 1. und 3. Auflage wird Novalis in Tiecks Darstellung stilisiert zu einem Dichter der Liebe, der »Erweckung und Andacht«, des Schmerzes und der »Todessehnsucht« – ganz im Gegensatz etwa zur ersten Novalis-Biographie von A. C. Just (1805). Noch in der Ausgabe von 1846 sind Novalis' Schriften als »Reliquien« für »Freunde der ächten Mystik« bezeichnet. Es entsteht der Eindruck, daß nicht nur Novalis ein vom Tode gezeichneter Dichter, sondern auch die ganze romantische Bewegung eine todesverfallene sei, wie es auch mit den Namen Wackenroder, Ritter oder Pforr assoziiert werden kann. Wie H.-J. Mähl darlegt, ist mit Sicherheit Goethes zum Teil ungünstiges Urteil über Novalis und die Romantikergeneration auf Tiecks Novalis-Ausgabe und die darin evozierten Vorstellungen zurückzuführen.

»Novalis. Schriften. Herausgegeben von Friedrich Schlegel und Ludwig Tieck«. Berlin: Realschulbuchhandlung 1802 (enthält Vorrede von Tieck). Die 3. Auflage (1815) bringt Tiecks Novalis-Biographie. Die 5. Auflage (1837) enthält eine dritte Vorrede, in der Tieck zu Johannes Falks »Goethe aus näherm persönlichen Umgange dargestellt« (Leipzig 1832) Stellung nimmt (zur Behauptung, Novalis habe konvertiert). In dieser Ausgabe gibt Tieck Fr. Schlegel die Schuld für den Abdruck in der 4. Auflage (Berlin 1826) von der »Christenheit oder Europa«, obwohl zu dieser Annahme keinerlei Gründe vorlagen (der Abdruck war auf

Reimers Verantwortung geschehen). Der Aufsatz wurde in die 5. Auflage nicht wieder aufgenommen. Vgl. Novalis: Schriften, hg. *P. Kluckhohn* u. *R. Samuel*, Bd. 3, Stuttgart ²1968, S. 497–506.

1846 erschien ein dritter Teil von Novalis' Schriften, herausgegeben von Tieck und Eduard von Bülow, mit einer kurzen Vorrede von Tieck. – Zur Novalisedition Tiecks: *Richard Samuel*: Zur Geschichte des Nachlasses Friedrich von Hardenbergs (Novalis). In: JDSG 2, 1958, S. 301–347.

Hans-Joachim Mähl: Goethes Urteil über Novalis. Ein Beitrag zur Geschichte der Kritik an der deutschen Romantik. In: JFDH 1967, S. 130–270.

Goethes abfällige Äußerungen über Tieck und die Romantiker ab 1802 korrespondieren zeitlich mit Tiecks, allerdings privater, Ablehnung der »Natürlichen Tochter« und der »Qualverwandtschaften« sowie seiner Entrüstung über Goethes spätere Entwicklung (vgl. Briefe an Solger). Zu einer direkten Konfrontation hat es Tieck nicht kommen lassen – teils aus taktischen Gründen, teils aus Achtung vor Goethe. Für die Maler Müller-Ausgabe verfaßte er keine Vorrede und hat dadurch keinerlei Anlaß für unliebsame Erinnerungen von seiten Goethes gegeben. Über sein eigenes Verhältnis zu Müller, von dem er in Rom Geld geliehen hatte, war ohnehin Einiges zu verschweigen.

»Mahler Müllers Werke«. Heidelberg: Mohr und Zimmer 1811. 3 Bde. Die Ausgabe wurde von Tieck zusammen mit J. P. Le Pique und Fr. Batt besorgt. Neudruck Heidelberg 1977.

Die verdienstvollen Kleist-Ausgaben von 1821 und 1826, die Tiecks Selbstlosigkeit und sein sicheres Erkennen von Dichtergenies bekunden, enthalten bezeichnenderweise keine pauschale Ehrenrettung Kleists; es ist im Vorwort von der »tiefen Disharmonie« und den »grellen Widersprüchen« seines Wesens die Rede; Tieck kann ihn trotz der unverhohlenen Bewunderung für den »Prinzen von Homburg« und für die Erzählungen (vgl. auch »Dramaturgische Blätter«) nicht als vollendeten Dichter anerkennen. In keiner Weise will er Kleist allerdings als einen Gegenspieler Goethes oder Schillers darstellen.

»Heinrich von Kleists hinterlassene Schriften. Herausgegeben von Ludwig Tieck«. Berlin: Reimer 1821 (enthält Vorrede, *Hermannsschlacht* und *Homburg*).

»Heinrich von Kleists gesammelte Schriften. Herausgegeben von Ludwig Tieck«. Berlin: Reimer 1826. 3 Bde. Die Vorrede zu diesen beiden Ausgaben wurde später als »Heinrich von Kleist« in KS, Bd. 2, S. 1–58 aufgenommen.

Eine vierbändige Ausgabe (»Ausgewählte Schriften«) erschien 1846–47.

Über die handschriftliche Überlieferung vom »Prinzen von Homburg« und Tiecks Rolle s. *Klaus Kanzog*: Heinrich von Kleist. Prinz Friedrich von Homburg. Text, Kontexte, Kommentar, München 1977, Reihe Hanser 7, bes. S. 245–252 (dort Literatur). *ders.*: Edition und Engagement. 150 Jahre Editionsgeschichte der Werke und Briefe Heinrich von Kleists. Bd. 1. Berlin-New York 1979. Quellen und Forschungen NF 74, S. 74–132.

S. auch *ders.*: Rudolf Köpkes handschriftliche Aufzeichnungen der Kleist-Bemerkungen Tiecks. Zugleich ein Schlußwort zur Manuskript-Lage des *Prinzen von Homburg*. In: Euph. 62, 1968, S. 160–168.

Auch in der Lenz-Ausgabe scheint Tieck auf Goethe Rücksicht genommen zu haben; so hat er beispielsweise keine Werke aufgenommen, die in irgendeinen Zusammenhang mit Goethes Straßburger Zeit gebracht werden konnten.

»Gesammelte Schriften, von J. M. R. Lenz. Herausgegeben von Ludwig Tieck«. Berlin: Reimer 1828. 3 Bde. Die Einleitung wurde später in KS als »Göthe und seine Zeit« (Bd. 2, S. 171–312) aufgenommen.
Zu der Lenz-Ausgabe: *Karl Freye*: Die Lenz-Ausgabe Ludwig Tiecks. In: Zs. f. Bücherfreunde NF 4, 2. Hälfte, 1913, S. 247–49.
Elisabeth Genton: Ein Brief Ludwig Tiecks über die nachgelassenen Schriften von Lenz. In: Jb. d. Sammlg. Kippenberg NF 1, 1963, S. 169–184.

Tieck hat sogar verallgemeinernd behauptet: »Steht ein Lenz neben einem Goethe, ist er aus diesem hervorgegangen, so wird wol selbst durch Disharmonie und Häßlichkeit die Schönheit in ein günstigeres Licht gestellt« (zit. KS, Bd. 2, S. 186). Lenz wird ebenso von Tieck beurteilt wie Tasso, Kleist oder Marlowe, die im Gegensatz zu Shakespeare, Cervantes oder Goethe nicht die höchste Meisterschaft erlangt haben. Dennoch enthält die Lenz-Einleitung – neben den bedeutendsten Ausführungen Tiecks zu Theater und Gattungsästhetik – eine unmißverständliche Ablehnung des späten, »archäologischen«, »höfischen«, vornehm-ironischen Goethe, die über Rehbergs Nachschrift zu »Werther« noch hinausgeht. Allerdings wirkt diese Kritik weniger scharf durch das in den Rahmengesprächen des »Phantasus« erstmals angewandte dialogische Verfahren. Als Verfasser einer öffentlichen Goethe-Huldigung hat sich Tieck in den 1820er und 1830er Jahren nie einer kollektiven Anti-Goethe Haltung angeschlossen (Grabbe, Menzel).

»Ein Faustisches Festspiel zu Goethe's 75. Geburtstag«. Von Ludwig Tieck. 1823. In: Zu Goethe's hundertdreissigstem Geburtstag. Festschrift zum 28. August 1879. Hg. von Eduard W. Sabell, Heilbronn 1879, S. 1–25. Der mit Tieck befreundete *Ludwig Robert* wird allerdings als Autor angenommen.

»Prolog zur Aufführung von Göthe's Faust an Göthe's Geburtstage [1829]«. In: Amadeus Wendts Musenalmanach für das Jahr 1832. Aufgenommen in: Gedichte, 1841, S. 582–586.
»Epilog zum Andenken Göthes. Gesprochen in Dresden, nach Darstellung der Iphigenie von Göthe, den 29. März 1832«. Dresden 1832. Auch Berlin: Hertz 1849.
»Epilog zur hundertjährigen Geburtsfeier Göthe's gedichtet von Ludwig Tieck. Berlin, am 28. August 1849. Zum Besten der deutschen Göthestiftung«.
Zu Tieck und Goethe: *Marianne Thalmann*: Tiecks Goethebild. In: Monatshefte 50, 1958, S. 225–42.
Ernst Ribbat: Ungleichzeitig–gleichzeitig: Goethe und Tieck.

Auch die anderen Ausgaben, die Tieck entweder besorgt oder für die er Vorreden geliefert hat, spiegeln seine ästhetischen Bemühungen in der Dresdner Zeit wieder. Abgesehen von der Vorrede zu Schröders Werken enthalten sie alle nicht mehr die umfassenden, grundsätzlichen Stellungnahmen der Kleist- oder Lenz-Vorreden oder der »Dramaturgischen Blätter«. Seine Ansichten über das historische Drama (Uechtritz), Volks- und Kunstpoesie, vor allem über Goethes (»Braga«), Roman und Novelle (Bülow, »Bücherschau«) oder die innere Erneuerung der Bühne sind verstreut in den Vorreden enthalten. Auffallend ist einerseits, welch dogmatische Haltung er gegenüber dem modernen Drama einnimmt, vor allem gegenüber Schiller, und andrerseits, wie wenig normativ er sich zu Fragen der Prosagattungen äußert. Der Dualismus zwischen dem Dramaturgen und dem Salonschriftsteller Tieck ist darin offenkundig. Alte Pläne die spanische Literatur betreffend werden mit Dorotheas Unterstützung erneut aufgegriffen. Die Vorreden zu »Persiles« und »Marcos Obregón« lassen Tiecks vielfältige Detailwissen erkennen, und vor allem die zu »Persiles« ist ein Meisterstück des literarhistorischen Essays. Mit Ausnahme der Solger-Ausgabe, die man als einen letzten Freundschaftsdienst ansehen darf, überwiegt in einigen Vorreden ein ausschließlich biographisches Interesse. Die Loyalität Tiecks gegenüber dem Kreis seiner Bewunderer mag für ihn Anlaß zu Vorreden und auch Editionen solcher Art gewesen sein. So stellt er Uechtritz' glatt epigonenhaften »Alexander und Darius« fast auf eine Ebene mit Kleists »Prinzen von Homburg« (Briefe an Uechtritz, S. 147) oder er ediert die dem Vorbild seiner Novellen nachgeahmten Novellen der früh verstorbenen Adelheid Reinbold (Pseud. Franz Berthold). Drei Jahre nach dem Tod seiner Schwester hat er ihren Roman »St. Evremont« herausgegeben; leider bestätigt das Werk das Einseitige und Unzulängliche ihrer schriftstellerischen Fähigkeiten.

»Solger's nachgelassene Schriften und Briefwechsel. Herausgegeben von Ludwig Tieck und Friedrich von Raumer«. Leipzig: Brockhaus 1826. 2 Bde. Neudruck Heidelberg 1973.

»Alexander und Darius. Trauerspiel von Fr. von Üchtritz. Mit einer Vorrede von L. Tieck«. Berlin: Vereinsbuchhandlung 1827.

»Leben und Begebenheiten des Escudero Marcos Obregon. Oder Autobiographie des Spanischen Dichters Vicente Espinel. Aus dem Spanischen zum erstenmale in das Deutsche übertragen, und mit Anmerkungen und einer Vorrede begleitet von Ludwig Tieck«. Breslau: Max 1827. 2 Bde. Die Vorrede als »Der spanische Dichter Vicente Espinel« in KS, Bd. 2, S. 59–92.

»Bücherschau«. In: Dresdner Morgenzeitung. Hg. von Fr. Kind und K. C. Kraukling. 1827. Aufgenommen in KS, Bd. 2, S. 93–118.

»Braga. Vollständige Sammlung klassischer und volkthümlicher deutscher Gedichte aus dem 18. u. 19. Jahrhundert, herausgegeben von Anton Dietrich. Mit einer Einleitung von Ludwig Tieck«. Dresden: Wagner 1827. 10 Bde. Einleitung in KS, Bd. 2, S. 119–131 (»Die neue Volkspoesie«).

»Friedrich Ludwig Schröders dramatische Werke. Hg. von Eduard von Bülow. Mit einer Einleitung von Ludwig Tieck«. Berlin: Reimer 1831, 4 Bde. Einleitung in KS, Bd. 2, S. 313–374 (»Die geschichtliche Entwickelung der neueren Bühne«).

»Das Novellenbuch; oder Hundert Novellen, nach alten italienischen, spanischen, französischen, lateinischen, englischen und deutschen bearbeitet von Eduard von Bülow. Mit einem Vorworte von Ludwig Tieck«. Leipzig: Brockhaus 1834. 4 Bde. Einleitung in KS, Bd. 2, S. 375–388 (»Zur Geschichte der Novelle«).

»Die Leiden des Persiles und der Sigismunda, von Miguel de Cervantes Saavedra. Aus dem Spanischen übersetzt. Mit einer Einleitung von Ludwig Tieck«. Leipzig: Brockhaus 1837.

»Franz Berthold: König Sebastian, oder wunderbare Rettung und Untergang. Herausgegeben von Ludwig Tieck«. Dresden und Leipzig: Arnold 1839. Einleitung in KS, Bd. 2, S. 389–397 (»Adelheid Reinbold (Franz Berthold)«).

»Franz Berthold: Gesammelte Novellen«. Leipzig: Brockhaus 1842. Einleitung in KS, Bd. 2, S. 397–400.

»St. Evremont. Ein Roman. Herausgegeben von Ludwig Tieck«. Breslau: Max 1836. 2. Auflage 1845.

Die Vorreden zu den letzten der Ausgaben jetzt in: *Schriften 1836–1852*, Bibliothek dt. Klassiker, S. 951–983 u. Kommentar S. 1383–1415.

(d) Tieck und die bildenden Künste

Wie an den Shakespeare-Studien läßt sich auch an den Bemühungen Tiecks um die bildenden Künste seine Entwicklung verfolgen –

auch die Neigung zu unausgeführten Plänen. Stationen dieser Entwicklung sind der an »Laokoon« und K. Ph. Moritz geschulte Klassizismus der ersten Shakespeare-Essays, der Unterricht bei Fiorillo und das Kunsterlebnis mit Wackenroder, der Dürer- und Raffael-Enthusiasmus der »Sternbald«-Zeit, Dresden und Runge, Italien, die Besuche in den Niederlanden und bei den Brüdern Boisserée in Heidelberg 1817 und die Dresdner Jahre. Auf Tiecks zahlreiche Verbindungen zu Malern wurde bereits hingewiesen. Außer Runge sind es eher Akademiker, mit denen er Umgang pflegt; zu C. D. Friedrich hat er beispielsweise keinen Kontakt aufgenommen. Bis auf die gemeinsam mit Wackenroder entstandenen Werke und den »Franz Sternbald« hat Tieck keine selbständigen Schriften verfaßt, die sich *direkt* mit der Kunst oder Problemen der Kunstästhetik befassen; jedoch finden sich verstreut häufig Äußerungen zum Thema Kunst in Tiecks Werken. Unausgeführt blieben kunsthistorische Pläne der Ziebinger Zeit, die er Solger gegenüber erwähnt hatte. Dennoch bezeugen die »Reisegedichte«, die »Correggio«-Besprechungen in den »Dramaturgischen Blättern«, oder Dresdner Novellen wie »Die Gemälde« oder »Der Jahrmarkt« und »Eine Sommerreise«, wie nachhaltig ihn Probleme der wahren Kunstanschauung und -apperzeption beschäftigten. Auf dem Gebiet der bildenden Künste selbst wirkten seine frühromantischen Schriften wie auch die von Tieck sicherlich beeinflußten ›Europa‹-Aufsätze Friedrich Schlegels maßgeblich auf die Nazarener-Generation ein; im Gegensatz aber zu Schlegel lehnte Tieck die nazarenische Malerei – ebenso den dogmatischen Neuklassizismus der Weimarer Kunstfreunde – als einseitige Verirrung ab. Anders als bei A. W. und Fr. Schlegel liegen von Tieck keine analytischen Gemäldebeschreibungen vor; im Zentrum seiner Betrachtungen steht der geistig-religiöse Gehalt. Selbst die vielen Äußerungen über den von ihm sehr verehrten Correggio bilden hierzu keine Ausnahme.

Dazu: *Hildegard Nabbe*: Ludwig Tiecks Verhältnis zu Correggio. In: Seminar 13, 1977, S. 154–169. *Paulin*: Tiecks Empfindungen vor Caspar David Friedrichs Landschaft.

Ganz anders verfährt er bei seiner intensiven Beschäftigung mit der Kunstgeschichte, deren schriftliche Niederlegung in dem 350 Seiten umfassenden, bislang unveröffentlichtem Manuskript »Geschichte und Theorie der bildenden Künste« (Wien, Nationalbibliothek, Cod. Vindob. 12 821) vorliegt. Dieses nur stellenweise entzifferte – wohl auch entzifferbare – Manuskript gibt in jeweils knapper Zusammenfassung eine Übersicht über Architektur, Malerei, Bildhauerkunst und angewandte Künste. Alle Hauptschulen der europäischen Malerei werden entwicklungsgeschichtlich bis ins späte 18. Jh. verfolgt, die zeitgenössische Kunst ist nicht behandelt. Eine Datierung des Manuskripts nach der Italienreise erscheint angebracht, bleibt aber letzten Endes Mutmaßung. Es ist höchst unwahrscheinlich, daß Tieck mit diesen Aufzeichnungen mehr als eine Gedächtnisstütze beabsichtigte; ob sie als Vorarbeiten zu kunsthistorischen Schriften oder zu Vorlesungen in der Art Böttigers oder A. W. Schlegels dienen sollten, läßt sich nicht bestimmen. Dieses Manuskript bekundet aber in Umfang und Konzeption eine Breite und Tiefe des kunsthistorischen Wissens – nicht der kritischen Beschäftigung –, die sogar das der Brüder Schlegel übertreffen dürfte. Eine Edition dieser Handschrift bleibt eine Aufgabe sowohl der Kunstgeschichte als auch der Tieckforschung, zweier Fachbereiche, die bisher allzu selten die Grenzen ihrer Disziplin überschritten und sich genähert haben.

Über Tiecks Kunstästhetik orientiert das Kapitel bei *Minder*, S. 338–351. Auch: *Hildegard J. K. Nabbe*: Ludwig Tieck: eine Studie zu seinen späteren Äußerungen über die bildende Kunst und ihre Randgebiete, Diss. Toronto 1975. Dazu auch über das Wiener Manuskript; ebenfalls *E. C. Stopp*, The Place of Italy, S. 161–66.

V. Die letzten Jahre: Berlin 1841–1853

Tieck gehörte zu dem Kreis von verdienten Dichtern, Künstlern und Akademikern, die vom neuen preußischen König Friedrich Wilhelm IV. nach seinem Regierungsantritt nach Berlin berufen wurden (Grimms, Rückert, Schelling, Cornelius). Zusammen mit Alexander von Humboldt, Savigny, Raumer, von der Hagen, Rauch und Steffens sollte dort ein Zentrum der Altromantik geschaffen werden und gleichzeitig eine gelehrt-konservative Front in der Vormärzzeit. Die wenigsten – ob neu dorthin berufen oder bereits in Berlin ansässig – waren mit der Haltung des Königs als »Romantiker auf dem Throne« und seiner Politik einverstanden. Tieck wurde »Geheimer Rath« und erhielt den ›Pour le Mérite‹-Orden. Varnhagen von Ense sprach von Tieck und den andern ›Altromantikern‹ als »verfluchter Rumpelkammer« oder »lauter Wittwen, denen der Ruhm gestorben«; Tieck aber wurde durch die Rückkehr in seine Heimat zum ersten Mal fürstlich besoldet und hochgeehrt (bis 1848 hatte er eine Sommerwohnung in Sanssouci zur freien Verfügung). In Berlin konnte er Nebentätigkeiten wahrnehmen, die er in Sachsen nicht hätte ausüben können, obwohl er sich in Dresden vom Hofe unabhängig gehalten hatte – in bewußtem Gegensatz zu Goethe in Weimar. Nun durfte er bei Hofe vorlesen, Inszenierungen auf königlichen Erlaß hin leiten oder beratend daran mitwirken (1841 »Antigone« mit Mendelssohn, 1843 »Medea«, »Ein Sommernachtstraum«, 1845 »Oedipus auf Kolonos«, Racines »Athalie«), Stücke für die Hofbühne beurteilen und Schauspielertalente fördern. Daß die Hofgesellschaft nicht immer eine respektvolle Zuhörerschaft war, daß er mit dem Intendanten Küstner oder mit Mendelssohn Meinungsverschiedenheiten hatte, daß er als »Höfling« galt, waren die weniger erfreulichen Aspekte seiner Zugehörigkeit zum Hof. Ein Rigorismus und eine Verhärtung wird an seinem Wesen bemerkbar, die dem liberal-großbürgerlichen Dichter fremd gewesen ist. So lehnt er junge Dichtertalente zum Teil pauschal ab (Hebbel) oder kehrt zu den künstlerischen Normen seiner Jugend zurück (Bevorzugung der Musik Mozarts vor der neuen Oper des 19. Jh.s). Zu seinen Ehren wurden 1844 und 1846 die Jugendwerke »Der gestiefelte Kater« und »Blaubart« aufgeführt; jedoch zeigten diese Aufführungen, daß die Frühromantik im Berlin der 40er Jahre nur noch geringe Begeisterung auslösen konnte. Obwohl Tieck der Opernstil eines Richard Wagner nicht zusagte, beriet er den jungen Künstler in Fragen des Gesamtkunstwerks, dem auch sein Bemühen in jungen Jahren gegolten hatte.

Bei zunehmendem Unverständnis für Politik – der über 75jährige Tieck lehnte sowohl die Revolution von 1848 als auch die darauffolgende Reaktion ab – wandte er sich immer stärker seinen literarischen Anfängen zu. So ist auch der Übertragungsversuch von Sheridans »The Rivals« (1850) als ein Rückgriff auf den literarischen Geschmack seiner Jugendzeit zu betrachten.

»Die Nebenbuhler. Lustspiel in fünf Akten von Sheridan«. Unveröffentlicht. Nachlaß Kapsel 19.
Dazu: *James Trainer*: Tieck's Translation of *The Rivals*. In: MLQ 21 1960, S. 246–252.
Memoirenpläne und Briefausgaben beschäftigten ihn, aber nichts kam zustande. Die letzte bedeutende Veröffentlichung und damit Profilierung als Autor – allerdings als Kritiker – ist die Herausgabe der »Kritischen Schriften« mit Bülows und Eduard Devrients Hilfe.
»Kritische Schriften. Zum erstenmale gesammelt und mit einer Vorrede herausgegeben von Ludwig Tieck«. Bd. 1–2 Leipzig: Brockhaus 1848. Bd. 3–4 (erweiterte »Dramaturgische Blätter«) 1852. – Neudruck Berlin 1973.

Stärker an Bedeutung gewann ab 1848 die Freundschaft mit Rudolf Köpke; dem jungen Historiker vertraute Tieck im Gespräch seine Erinnerungen und Erfahrungen an, die Köpke sorgfältig aufzeichnete; sie bildeten die Grundlage zu seiner nach Tiecks Tod verfaßten ersten Biographie des Dichters. Zu korrigieren ist der Eindruck eines schroffen und unversöhnlich urteilenden Tieck, wie ihn Köpke vor allem im 2. Teil der Biographie darstellt. Köpke hatte offenbar zu wenig Distanz zur düsteren und resignierten Lebensstimmung Tiecks, die auch an anderer Stelle, etwa im Briefwechsel mit Ida von Lüttichau und Bülow, gegenwärtig ist, und er läßt Tiecks Neigung zu Scherz und Heiterkeit vermissen. Der Biograph zeichnet Tieck als einen seit dem Tod der Gräfin Finckenstein (1847) vereinsamten und gebrechlichen Greis.

Wulf Segebrecht: Ludwig Tieck an Eduard von Bülow. Dreiundzwanzig Briefe. In: JFDH 1966, S. 384–456.
Uwe Schweikert: Eduard von Bülow: Aufzeichnungen über Ludwig Tieck. In: JFDH 1972, S. 318–68.

Ein großer Verlust war 1849 die Versteigerung seiner auf 36000 Bände geschätzten Bibliothek. Tieck tat diesen Schritt, um seinen Bruder Friedrich, der 1846 eine unselige Eheverbindung eingegangen war, finanziell zu unterstützen, obwohl die Bibliothek als eine Art Sicherheit bereits seit 1840 an den Verleger Brockhaus verpfändet war. Über die Auktionsfirma Asher gelang es dem Bibliotheksdirektor Panizzi, fast alle bedeutenden Stücke, darunter Handexemplare von Tiecks Werken, für das Britische Museum zu erwerben. Auf die Intervention des Königs hin konnte nur noch ein kleiner Teil gerettet werden; immerhin hat Tieck mit seiner Hilfe bis zu seinem Tode wieder eine ansehnliche Sammlung angeschafft, die 1853 in den Besitz des Grafen Yorck von Wartenburg auf Schloß Wartenburg/Kleinöls (Schlesien) überging; diese Bücher gingen in den letzten Kriegswirren verloren. Tieck gilt als einer der größten Büchersammler des 19. Jh.s; besonders hervorzuheben sind seine Sammlungen englischer und spanischer Literatur; sie bildete die Grundlage zu seiner Gelehrtentätigkeit. Angesichts seiner Sammelleidenschaft wäre es übereilt, von einem im Auktionskatalog aufgeführten Titel oder Autor sogleich auf die Kenntnis des betreffenden Buches zu schließen.

»Catalogue de la bibliothèque célèbre de M. Ludwig Tieck qui sera vendue à Berlin le 10. décembre 1849 et jours suivants par MM. A. Asher & Comp. Neudruck Niederwalluf bei Wiesbaden 1970 (mit Vorwort).
E. H. Zeydel: Ludwig Tieck's Library. In: MLN 42, 1927, S. 21–25.

Roland Folter: Deutsche Dichter- und Germanistenbibliotheken. Eine kritische Bibliographie ihrer Kataloge, Stuttgart 1975, Bibliographien des Antiquariats Fritz Eggert 6, S. 194–5.

»Friedrich Launs gesammelte Schriften. Neu durchgesehen, verbessert und mit Prolog von Ludwig Tieck«. Bd. 1, Stuttgart: Scheible, Rieger und Sattler 1843. Vorwort in KS, Bd. 2, S. 401–409 (»Ein Brief an Friedrich Laun«).

»Volkssagen und Volkslieder aus Schwedens älterer und neuerer Zeit. Von Arv. Aug. Afzelius. Aus dem Schwedischen übersetzt von Dr. F. H. Ungewitter. Mit Vorwort von Ludwig Tieck«. Leipzig: Kollmann 1842. Vorwort in KS, Bd. 2, S. 411–418 (»Ueber nordische Volksmärchen«).

»Gedichte von Karl Förster. Herausgegeben von Ludwig Tieck«. Leipzig: Brockhaus 1843.

»Goethe's ältestes Liederbuch. Herausgegeben von Ludwig Tieck«. Berlin: Schultze 1844.

»Sämmtliche Tragödien des Sophokles. Metrisch übertragen von Franz Fritze«. Berlin: Förstner 1845. Vorwort von L. Tieck. Vorwort in KS, Bd. 2, S. 419–424 (»Ein Brief an den Uebersetzer der Elektra«).

»Norwegische Volksmährchen, gesammelt von P. Asbjörnsen und Jörgen Moe. Deutsch von Friedrich Bresemann. Mit einem Vorworte von Ludwig Tieck«. Berlin: Simion 1847, 2 Bde. Vorwort in KS, Bd. 2, S. 411–418 (»Ueber nordische Volksmärchen«).

»Lieder von Dilia Helena. Mit einem Vorworte von Ludwig Tieck«. Berlin: Nicolai 1848.

»John Ford's Dramatische Werke. Nach dem Versmaaße des Originals übersetzt und mit erklärenden Noten versehen von Dr. M. Wiener«. Bd. 1 (*Das gebrochene Herz*). Mit einem Vorworte von L. Tieck. Berlin: Simion 1848.

»Ferdinand Lehmann: Streit und Friede. Gedichte. Mit einer Vorrede von Ludwig Tieck«. Berlin: Duncker 1851.

»Mährchen von Ludwig Wahl. Nebst einer Vorrede von Ludwig Tieck«. Berlin: Hollstein 1852.

Alle späten Vorreden jetzt: *Schriften 1836–1852*, Bibliothek dt. Klassiker, S. 984–1038 u. Kommentar S. 1416–1458.

Ludwig Tieck ist am 28. April 1853 fast achtzigjährig in Berlin gestorben. Die Trauerrede am 1. Mai 1853 auf dem Dreifaltigkeits-Kirchhof hielt der Schleiermacher-Schüler Sydow. Folgende Worte aus dieser Ansprache haben für die Rezeption des Dichters immer noch einen tieferen Sinn: »Aber nur zu leicht entschwindet dem Gedächtniss der Menschen, wie das errungen und geworden, was sie mühelos geniessend besitzen, und der gedankenlose Sinn ist in Gefahr, mit der Anschauung der Arbeit seiner Wohlthäter auch die Früchte dieser Arbeit zu verlieren. So soll es nicht sein in unsrem Verhältniss zu Tieck, so kann es nicht kommen in seinem Verhältniss zum deutschen Volke«. (Worte am Sarge Ludwig

Tieck's. Gesprochen am 1. Mai 1853 von Dr. A. Sydow, Berlin 1853, S. 5).

Zu Tiecks letzten Jahren s. bes. *L. H. Fischer*: Aus Berlins Vergangenheit, S. 107–162.

VI. Zur Nachwirkung Tiecks

Die Geschichte von Tiecks Nachruhm im 19. Jh. ist zugleich die Geschichte der Romantikrezeption. Wie schon der Junghegelianer Karl Rosenkranz und bereits vor ihm Heine erkannt hatte, ist Tieck der produktivste Dichter der langjährigen romantischen Bewegung: »Er ist der Mittelpunkt der romantischen Schule; seine Geschichte ist ihre Geschichte und umgekehrt« (Ludwig Tieck und die romantischen Schule, 1838; Segebrecht, S. 4). Rosenkranz's Versuch, Tieck einer erkennbaren geistigen Strömung zuzuordnen, hat aber zur Folge, daß in der Darstellung das Besondere an Tiecks literarischer Leistung sich zu einer Charakteristik der Gesamtbewegung ausweitet. Zur weiteren Auflösung eines klar umrissenen Tieckbildes haben ferner die geistesgeschichtlich orientierten oder auf moralischen Inhalt ausgerichteten Ausführungen eines Julian Schmidt oder Rudolf Haym, vor allem aber Diltheys beigetragen; entweder steht die romantische Leistung zu sehr im Vordergrund oder es geht – im Falle Diltheys – um den Versuch, Tieck in eine klassisch-romantische Stilepoche mit Novalis zu integrieren.

Vgl. *Bernd Peschken*: Versuch einer germanistischen Ideologiekritik. Goethe, Lessing, Novalis, Tieck, Hölderlin, Heine in Wilhelm Diltheys und Julian Schmidts Vorstellungen, Stuttgart, 1972, Texte Metzler 23.

Diese Forschungsrichtung beachtete kaum mehr Tiecks sprachliche und stilistische Leistungen, die noch in der älteren Kritik Kobersteins oder Menzels ein Hauptinteresse war. (Noch heute besitzen wir recht wenige nennenswerte Untersuchungen zu Tiecks Stil und dessen Wandlungen, vgl. Andrea Angela Mai: Studien zu Wort und Satz bei Ludwig Tieck, Diss. München 1967). Trotz der verspäteten Würdigung Tiecks von seiten der stark an ihm orientierten Gutzkow und Laube fand Tiecks ausschweifender diskursiver Erzählstil bei den Vertretern einer streng normierten realistischen Novellistik und Romankunst wenig Anerkennung (die Zeit der romantischen Dramen war ohnehin längst vorüber). Diese Richtung der deutschen Novellenrezeption, deren Bewertungskriterien

»Begebenheit«, »kleineres Bild«, »Falke« oder »Schwester des Dramas« sind, leistete einer ungerechtfertigten Ablehnung Tieckscher Novellenkunst Vorschub. So nahmen Heyse und Kurz 1871 in ihren »Deutschen Novellenschatz« nur »Die Gemälde« und »Des Lebens Überfluß« auf, zwei Novellen, die am ehesten die Normen solcher Musternovellistik erfüllen, und noch Hugo von Hofmannsthal würdigt in seinem maßgebenden Band »Deutsche Erzähler« (1912) bezeichnenderweise den straff gebauten »Blonden Eckbert«, ein romantisches Hauptwerk also. Die deutsche Novellenkritik der letzten 40 Jahre, Benno von Wiese, Kunz, Klein vor allem, hat weitgehend diese Maßstäbe übernommen.

Die Entwicklung der wissenschaftlichen Fachdisziplinen im Laufe des 19. Jh.s hat auch auf die Tieckrezeption nachteilig gewirkt: sein Werk wurde in Poesie, Gebrauchsformen (Kritik, Gelehrtentätigkeit) und Übersetzungswerk getrennt und – wie im Falle A. W. Schlegels – in fast hermetische Eigenbereiche verwiesen. Zu sehr ist noch das heutige Romantik- und Epochenbild bestimmt von Vorstellungen von einerseits Dichterdasein (Brentano, Eichendorff) und andrerseits Gelehrtendasein (die Brüder Grimm, Alexander von Humboldt).

Von den bedeutenderen Dichtern des 19. Jh.s, die thematisch in der Nachfolge Tiecks stehen, wäre am ehesten der am Vorrealismus stark orientierte Conrad Ferdinand Meyer mit seiner Renaissancedichtung zu nennen. Auf die Ähnlichkeiten des Gesprächsstils Tiecks und dem Fontanes ist bereits hingewiesen worden; diese Linie ließe sich weiterführen bis zur Beschreibung der aristokratischen Bürgerlichkeit bei Thomas Mann. Trotz der Anerkennung durch so verschiedene Dichter wie Paul Ernst, Hermann Kasack oder Arno Schmidt kann von einer direkten Nachwirkung Tiecks kaum gesprochen werden. Auch die Versuche, das romantische Lustspiel wieder aufleben zu lassen, etwa durch Tankred Dorst, sind Ausnahmeerscheinungen. Daher sind Marianne Thalmanns Bemühungen umso mehr hervorzuheben, zumal sie die Grenzen einer rein germanistischen Forschung überschreitet und auf Strukturen in Tiecks Werk aufmerksam macht, die der modernen Poesie allgemein eigen sind. Die Gefahr ihrer mehr auf Impressionen beruhenden Interpretationsweise ist eine Idealisierung des Dichters; wenige Werke Tiecks entsprechen tatsächlich dem von Marianne Thalmann angenommenen Niveau.

Im englischsprachigen Ausland war Tieck im 19. Jh. in literarischen Kreisen durchaus bekannt, nicht nur innerhalb der Shakespeare-Forschung. Dies ist auch weiter nicht verwunderlich, wenn man bedenkt, daß zwischen England und besonders Amerika und

Deutschland im 19. Jh. ein reger geistiger Austausch stattfand (Irving, Longfellow, Poe, Hawthorne, Carlyle). In Frankreich war Tieck selbstverständlich der unbestrittene Vertreter der Romantik-Begeisterung und -Verbreitung der Mme. de Staël. Während er aber im 19. Jahrhundert nur eine Randerscheinung war, kann man im 20. Jh. ein weit verbreitetes öffentliches Interesse an Tieck feststellen, das von den ›Cahiers du Sud‹ und dem ›Mercure de France‹ ausgegangen war, die man mit den Namen kulturell aufgeschlossener Akademiker wie Béguin, Jaloux, Brion und Minder verbindet. Für Italien ist vor allem die Nachwirkung Tiecks auf Pirandello zu erwähnen.

Edwin H. Zeydel: Ludwig Tieck und England. A Study in the Literary Relations of Germany and England during the Early Nineteenth Century, Princeton 1931.

Percy Matenko: Ludwig Tieck and America, Chapel Hill 1954, University of North Carolina Studies in Germanic Languages and Literatures 12, Neudruck New York 1966.

José Lambert: Ludwig Tieck dans les lettres françaises. Aspects d'une résistance au romantisme allemand, Louvain 1976, Etudes de Littérature Etrangère et Comparée, 73.

Italo Maione: Profili della Germania romantica, Torino 1935, Biblioteca Paravia »Storia e Pensiero« 26.

Namensregister

Gesammelte Ausgaben
von Tiecks Werken

Werke von Tieck oder Werke, an denen Tieck maßgeblich beteiligt war

131

Übersetzungen, Editionen, Vorworte für Werke anderer

SAMMLUNG METZLER

J.B. METZLER

Printed in the United States
By Bookmasters